文化驿站 共享空间

杭州社区文化家园建设丛书

融合·新梅

金立山　金盛翔　著

杭州出版社

图书在版编目（CIP）数据

融合·新梅 / 金立山，金盛翔著. -- 杭州 : 杭州
出版社，2022.9
（杭州社区文化家园建设丛书）
ISBN 978-7-5565-1890-6

Ⅰ. ①融… Ⅱ. ①金… ②金… Ⅲ. ①社区文化－建
设－概况－杭州 Ⅳ. ①G127.551

中国版本图书馆CIP数据核字（2022）第164187号

RONGHE XINMEI

融合·新梅

金立山　金盛翔　著

责任编辑	王妍丹
美术编辑	祁睿一
出版发行	杭州出版社（杭州市西湖文化广场32号6楼）
	电话：0571-87997719　　邮编：310014
	网址：www.hzcbs.com
排　　版	杭州真凯文化艺术有限公司
印　　刷	浙江国广彩印有限公司
开　　本	710 mm × 1000 mm　1/16
字　　数	137千
印　　张	11.5
版 印 次	2022年9月第1版　2022年9月第1次印刷
标准书号	ISBN 978-7-5565-1890-6
定　　价	30.00元

序　言

2017年以来，杭州市根据中共浙江省委关于社区文化家园建设的整体部署，以"文化驿站、共享空间"为定位，通过改建、扩建社区已有文化设施，整合现有文化资源，积极打造集思想引领、道德滋养、文明倡导、文化熏陶功能于一体的社区文化家园。截至2021年底，累计建成1055家社区文化家园，覆盖全市80%以上的社区，其中，五星34家，四星72家，三星181家。

2021年，杭州市继续从制度、资金、管理三个方面对社区文化家园的建设提供有力保障，全年共新建成260家社区文化家园，形成了以下特色亮点：

——以居民为中心，进一步激发出居民的主人翁意识。社区文化家园在硬件设施建设和内容载体设计方面，都把"以居民为中心"的思想贯穿始终，服务好居民群众，让居民乐于参与、积极参与。第一，围绕社区居民日益增长的精神文化需求，健全社区各类设施和场所的文化功能，完善社区公共文化服务体系，开展各类文体活动，活跃社区文化。第二，突出居民主体，发挥好居民自治的重要作用，由西湖区翠苑社区居民首创并共同约定遵行的"孝心车位"及其公约，有效解决了子女看望父母长辈停车难的问题，成为杭州社区治理的一大创举。第三，搭建线上线下居民交流平台，形成学习、教育、休闲等各类社团组织，加强社区居民的参与互动，实现社区文化家园建设为民靠民，社区文化家园建设成果由居民共享的目标。

——以社会主义核心价值观为引领，进一步承担起新时代文明实践的重要职责。杭州将社区文化家园与新时代文明实践站的建设工作相结合，将社区文化活动与群众性精神文明创建活动相结合，为社区居民搭建了共同的公共文化空间与精神家园，以社区文化家园为抓手，推动社区精神文明建设。第一，加强文化活动的宣教作用，在日常文化活动中，专门将社区文明案例转化成宣讲课程和文艺作品，寓教于乐，寓宣传于服务；同时，在活动现场向居民分发各类宣传资料，以活动强意识，以意识促行为，使文明行为成为生活习惯。第二，发挥社工的专业作用，做好社区志愿者的引导、发动、培训及保障工作，探索"社工+志愿者"的联动机制，激发居民群众关爱家园、参与发展的热情，围绕"整洁环境、文明养宠、文明出行、规范停车、垃圾分类、定点投放、爱护绿化、爱护公共设施"等社区文明新风尚身体力行，逐步形成"我为人人、人人为我"的和谐良好氛围。第三，讲好身边好人的模范事迹。利用长廊、橱窗、楼道、道路等基础设施，宣传展示社区的最美现象、人物风貌、榜样典型等内容，用身边人、身边事来感染人、熏陶人、教育人，营造见贤思齐、向上向善的浓厚氛围。

——以宣传普及习近平新时代中国特色社会主义思想为重点，进一步发挥好基层宣传思想文化阵地的重要作用。社区文化家园以"精神家园"为功能定位，弘扬主流价值、传承传统文化，注重习近平新时代中国特色社会主义思想的宣传普及和社会主义核心价值观的落细落小落实。第一，依托市民讲堂、道德讲堂、科普讲堂等活动载体，组织党员干部进社区进行宣讲，进一步巩固宣传思想文化工作的基层阵地，推动宣传思想文化工作走进群众、深入人心，取得实效。第二，着眼于居民思想道德水准的提升，通过公益广告宣传、民间艺术创作、社区文化展陈等形式，广泛开展科学、法律、文化、健康等知识的宣传教育，提高了居民的现代文明意识和科学文化素质。第三，把社区文化工作要点集中到思想建设与内容建设上，改变了以往文化建设重硬件的倾向，通过活跃社区文化，倡导文明风尚，推动居民交流，让文化建设有形可见、入脑入心，让居民群众受到教育、得到启发，实现市民文明素质与城市文明程度的相互促进、相互提高。

——以重构现代都市的社会关系为立足点，进一步塑造好和谐互助的邻里文化。在文化家园丰富的日常活动中，现代都市的"都市冷漠症"逐渐消除，从"陌邻"变"睦邻"。第一，连续18年举办邻居节活动，每年的活动覆盖杭州13个区县（市），除政府部门组织的文艺演出、社区公共环境整治、嘉奖"好邻居"外，越来越多的社区和个人自发组织起敲门送温暖、邻里百家宴等活动，填补邻里交往的空白，增强社区归属感。第二，根据不同社区的实际情况，构建和谐互助的邻里关系。在老小区，社区文化家园整合各类资源，提升养护、休闲、保健等公共服务水平，老年居民也自发组织了"银发互助队"，提供陪伴、语言安慰、生活品代买等志愿服务；在新杭州人聚居的社区，文化家园里开设起"四点半课堂"，由本地退休老教师、社工帮助照看，解决家长的后顾之忧，增加孩子们之间的互动关系。

　　我们从五星和四星社区文化家园中选取了8个有代表性的社区，组织力量采写了第四辑杭州社区文化家园建设丛书，一方面是继续展示杭州市社区文化家园建设的成果，另一方面也想通过丛书的出版发行，进一步推动全市社区文化家园建设再上一个台阶，为杭州市争当浙江高质量发展建设共同富裕示范区城市范例助力。

杭州社区文化家园建设丛书编委会

2022年3月

目　录

新梅党群服务驿站投入使用

第一章　一树新梅南苑开

　　沿着地铁1号线往东，过地铁客运中心站一路向北，直至临平新城翁梅地铁站区块，这里有一方低调厚重又兼具生机与活力的灵秀之地。该地东接翁乔路，南临洋头坝港，西依迎宾路，北望杭浦辅道，隶属于临平区南苑街道。

　　这个辖区面积约0.54平方公里的社区，主要包括保亿·风景晨园、怡丰城、艺郡府三个小区及翁梅地铁站，周边有橄榄树学校、杭师大附小文正小学、艺尚小镇、临平高铁站、临平大剧院、绿地魔方商业综合体、农贸市场、南苑卫生服务中心等配套设施。

　　因为南苑街道已经有个社区唤作"翁梅"，所以，"新梅社区"就这样诞生了。

第一节 一个典型的"新杭州人"社区

要问新梅"新"在何处？那就是"新"在这里的人了。新梅社区95%以上的居民来自五湖四海，以80、90后年轻人为主，是一个典型的"新杭州人"社区。

新居民的新家园

2017年4月18日，南苑街道新梅社区挂牌成立，总户数5020户，是一个建设中的新型社区。作为一个嗷嗷待哺的"新生儿"，成立之初，社区的状况是"人口杂、资源少"。如何让来自五湖四海的新居民融入新家园，成了新梅社区努力探索的方向。

来自五湖四海的居民，有着不同的风俗习惯，新居民参与社区治理的广度和深度有限，如决策性参与较少、参与度较低等。为此，新梅社区以"四张网"为抓手，通过四个渠道，量身定制了四项制度。如利用互联网打通交流渠道，落实网格处理制度，以网格为单位建立微信群，动态采集，准确掌握网格内人、地、物、情、事、组织等基本信息，及时收集居民的意见、建议，并进行梳理分类，落实网格长牵头协调的三级处理制度。又如利用智能网打通安全渠道，落实实名登记制度。再如利用物业网打通处理渠道，落实管家制度，将区域合理划分，每两幢楼落实一名管家，责任到人，细化管理。还如利用业主网打通协调渠道，落实志愿服务制度。"小区的事大家议，志愿服务化纠纷。"在制度落实的过程中，社区招募的"五色"志愿服务队总是充分发挥起"润滑

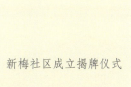

新梅社区成立揭牌仪式

剂"的作用，将一个个心结打开，一个个纠纷化解。

大家庭的新图景

新梅社区住着来自全国各地的小家庭，只有将他们凝聚在一起，让他们找到归属感，才能更好地推动社区建设。如何让新居民更好地融入新社区？新梅社区在起步阶段，就通过三个途径描绘出了"大家庭"的新图景。途径一：社工每周学习和分享服务理念。新梅社区的社工都是80后、90后，是一支年轻的团队，为了弥补经历和经验上的不足，社区成立以后制定了"每每分享日"，即每人每周必须分享一次学习理论或服务过程中的感悟，包括如何去接纳和平等沟通等等，以便于更好地

新梅社区迎新年民俗文化活动

新梅社区迎新年民俗文化活动

新梅社区五色凉亭

新梅五色凉亭议事

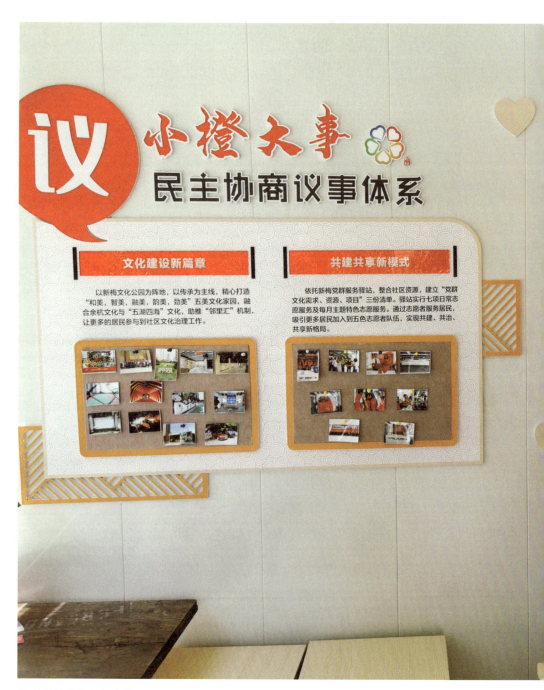

党群服务驿站投入使用

服务居民。途径二：硬件上逐步完善，为居民创造温馨的环境。社区成立以后，小区内新增老年人健身点、青少年活动中心，室外新增新梅文化公园。社区便民服务中心和居家养老服务中心的设计都以温馨、便民为主基调。途径三：活动注重群众参与和"家"的氛围营造。社区举办以爱护公共设施为主题的"扮靓我的家园"活动，发动各户家庭捐出废弃物，如破的塑料脸盆、水桶、拖把等，在专业美术老师的指导下制作成各类温馨提示的主题作品。一个三口之家在完成了宣传保护草坪的"请足下留情"后和自己的作品来了个自拍。"太完美了！我要发到业主群去，让大家共同爱护这里的一草一木。"

新项目有亲切感

新梅社区地处城乡接合部，离临平主城区较远，社区建立之初，各类基础设施都在建设当中。彼时临平区大力发展三社联动，积极发动各类社会组织，将各类有特色的、专业的服务提供给有不同需求的群体，来满足各类群体的需求。在此背景下，新梅社区积极探索各类特色项目，"小梅花"假日学校就是新梅社区的特色项目之一。寒暑假举办的假日学校，对社区居民来说特别有吸引力，来参加活动的青少年特别多。这些孩子的家长大部分都在杭州主城区上班，早出晚归，因此他们特别希望社区能长期办好学校，使孩子们放学后有去处。在充分掌握居民需求的基础上，新梅社区进行系统规划，通过"三步走"，为辖区内的青少年提供特色服务。第一步，做好青少年基本信息及需求调查。第二步，提前规划设计活动场所，为青少年活动提供保障。第三步，专人负责设计符合社区需求的青少年特色项目。邻里节、文化节系列活动

邻里节活动

读书角

是新梅社区的"拿手好戏"，有跳蚤市场、亲子绘画、便民服务、公益读书角等特色项目。跳蚤市场通过以物换物，处理家中闲置物品，同时也为有需要的邻居提供帮助；亲子绘画通过开展环保主题系列活动，积极创造更多的机会，让每个孩子都能找到自己的亮点，使每个孩子和家长都能了解到环保的意义；便民服务包括磨刀具、修鞋修伞、缝纫（修理裤边、缝扣子、换拉链等），华数、电信、移动公司等业务咨询办理；公益读书角，切实引导新居民参与建设新家园。

新梅党群服务驿站投入使用

新载体有归属感

他山之石，可以攻玉。为做好社区建设，新梅社区成立之初就积极参与街道组织的对口见学活动，认真学习先进社区的优秀经验。通过学习，新梅人琢磨出了自己的核心理念，就是要把五湖四海的人凝聚起来，使"生人"社区尽快发展为"熟人"社区，建成一个和谐的大家。通过前期的宣传发动，社区成功组建了"五色"志愿者服务队。这支志愿者队伍全部由社区居民组成，下设五支小分队，分别是宣传通知队、治安巡逻队、便民服务队、环境卫生队、纠纷调解队。通过开展志愿活动，队员们更积极、更广泛地融入了本地社区。此外，社区还开启了以幢为单位、责任到人的管家模式，举办每月一主题的新梅E家读书角活动，以"志愿服务邻家、小区建设管家、素质提升千家"三个"家"为载体带动城乡社区建设。

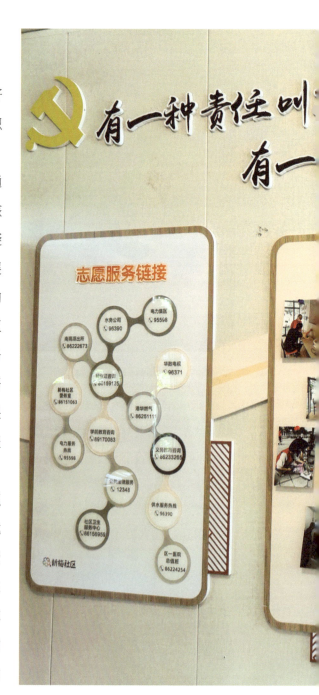

新梅党群服务驿站内景

第二节 "梅美与共"的"五美文化"

"走在拂晓的堤岸，吟唱东坡诗篇，乡愁流淌在笔尖，描绘烟雨江南。望舒撑伞的雨巷，几度梦里思念，雪花飘飘的故园，又见新梅点点……"一曲《浙里新梅》社区之歌，唱出了唯美、温馨、幸福、和谐的新梅大家庭故事。

整合资源打造社区硬环境

"我是上了年纪的人，让我花几十块钱去影院看一场电影，我肯定舍不得。现在社区里有个影院，我们可以去看了，还免费。"居民叶四玉很开心。这是南苑街道新梅社区开的影院，居民通过线上预约便可观影。

自2020年5月起，新梅社区投入近10万元，打造了院线级别的红色影院。影厅只有12个座位，10月份对外开放，并且与上影国际影院合作，片源基本与院线同步。影院自2020年10月开放以来，场场座无虚席。它的投入使用，是新梅社区丰富居民文化生活的一个生动案例。

新梅社区文化家园中心面积约1000平方米，除了影院，还设有图书阅览室、书画室、休息室、舞蹈室、健身室、康复室、棋艺室、便民室等。社区以"梅美与

新梅红色影院首映

"美丽余杭"小学生活动

共，天下大同"为核心理念，大力加强文化阵地建设，除了新梅社区文化家园中心，还有新梅文化公园和社区文化长廊，三者组成了新梅社区的核心硬件设施。

2019年建成的新梅社区文化公园中心，面积为2628平方米，内设篮球场（活动）区、健身（路径）区、休闲娱乐区、科普健康区、文化宣传区等，是一个集健康、休闲、健身、文化、教育于一体的文化场地。300米长的文化长廊通过彩绘形式，展示了社区文化、教育、科普、养老等内容。在长廊上走一圈，10分钟时间可以把新梅社区文化家园的理念读个透彻。

部署消防迎新年

"五美"文化彰显社区软环境

硬件到位了，还有软件这个社区的灵魂。新梅社区通过多方面、多层次、多途径了解社区文化、风俗、人文，以"融美、和美、智美、韵美、劲美"为基础，精心打造出"梅美与共，天下大同"的家园文化。

新梅社区的居民来自五湖四海，人员分布主要以安徽、江西、河南、湖南、山东为主，为了让临平文化与五湖四海的文化进一步交流与互通，社区通过"融美"来实现融合为一。

喜迎元宵活动

送清明圆子活动

春日摄影比赛

2019年领导参观文化家园

2019年领导参观文化家园

做清明圆子活动

端午节活动

瓶窑镇党委书记带队参观社区

瓶窑镇党委书记带队参观社区

应书记、邱委员等来社区参观

良渚街道书记带队参观社区

萧山区委参观社区文化家园

南苑街道议事代表参观社区

新梅社区健康文化公园启动仪式

"新梅有约　欢度重阳"活动

应书记及其他区委常委参观社区

衢州花园街道人大郑主任一行参观社区

五常街道带队，共19个社区宣传员参观社区文化家园

仓前街道代表参观社区

"融美"怎么融呢？新梅社区认为文化一经产生并且发展到了一定的程度，就会融合；而只有不同文化的融合才能产生更高一层的文化。针对"融美"，社区主要通过茶道、花道、竹道、丝绸、戏曲、饮食等来实现。就茶道来说，"竹雨松风琴韵，茶烟梧月书声"，沏茶、赏茶、闻茶、饮茶、品茶等习惯和中华文化内涵相结合。就花道来看，"不经一番寒彻骨，怎得梅花扑鼻香"，赞美自然、仪礼、德行、内心的澄明，追求"静、雅、美、真、和"的意境，是"天、地、人"的统一。竹道指"宁可食无肉，不可居无竹"，竹与中国悠久的文化结下了不解之缘，形成了别具一格的中国竹文明，并且积淀成为源远流长的中国竹文化。丝绸则是"嫘祖栽桑蚕吐丝，抽丝织作绣神奇"，

庆祝中华人民共和国成立70周年戏曲活动

庆祝中华人民共和国成立70周年戏曲活动

中国的刺绣工艺在秦汉时期便已达到较高水平。中国有四大名绣：苏绣、蜀绣、湘绣和粤绣。就戏曲来谈，"古往今来虽如是，浓妆淡抹总相宜"，存一点素心，唱两句皮黄，享三餐美味，抚四面清风，弄五音丝弦，生旦净末台上吟，悠哉人生家国情怀。饮食是人们最离不开的，"民以食为天"，每个地方都有与众不同的饮食习惯。中国饮食文化源远流长，有八大菜系：鲁菜、川菜、粤菜、苏菜、闽菜、浙菜、湘菜、徽菜。

"和美"指和乐之美，倡导德孝、家风、廉政。良好的家庭氛围是传承好家风的基础，好的家风往往是在潜移默化中得以传承的。在营

街道党工委委员方从予来社区参观

杭州市委组织部、西湖风景名胜区管委会组织部在潘徐平陪同下，开展基层党建
"双二十条"互访互学活动

造良好家庭氛围的同时，父母要为孩子做好榜样，让孩子在不知不觉中养成好的习惯，使好的家风得以传承，带动社会注重家风建设，从而传递给社会更多的正能量，带动整个社会风气向好的方面发展。

为此，在"和美"方面，社区通过建立家风馆，每半年组织"弘扬好家风、传承好家训"故事分享会，让更多的居民参与到分享会中，分享各自家庭好的家风。社区还建立了德孝馆，在居家养老日照中心设置"新二十四孝"，传播"老吾老，以及人之老；幼吾幼，以及人之幼"的美德。通过日常的点滴来感恩自己的父母，报答父母深沉的爱。廉政文化馆也是新梅社区的创新陈设，以元代王冕的《墨梅》之"不要人夸好颜色，只留清气满乾坤"引入，社区大力弘扬"梅花"精神，在这个大家园里营造起"兴廉政之风，树浩然正气"的廉政风尚。

"智美"指智慧智能。夫源远者流长，根深者枝茂。临平是一个人杰地灵的地方，智美区块主要是通过高科技手法展示临平的多样文化，从文化文明、创新创业、幸福美丽三个方面娓娓道来。其中，文化文明主要围绕禅茶文化、大运河文化、梅花文化，让人更直观地了解临平是一个文化底蕴深厚的地方。居民生活在美丽的临平热土上是幸福的，从中展现美丽的临平、腾飞的南苑、宜居的新梅。

"韵美"指学礼雅致，通过"梅花礼赞""梅花传情""梅花同行""梅花飘香""梅花献艺"来实现。

"梅花礼赞"即设立读书日。每年的7月20日为新梅读书日，通过书籍兑换积分卡，设秀才、举人、进士、榜眼、探花、状元；通过"十全十美"（最美物业人、最美党员、最美退役军人、最美志愿者、最美楼道长、最美宣讲员、最美婆媳、最美家风、最美公益人、最美巾帼）评选，社区在文化公园"十全十美"墙上进行正能量人员优秀事迹展示，影响更多的居民去主动学习最美人物；开展入学礼，邀请有学识的老师给每位入学的孩子正衣冠、点智慧痣、诵读《三字经》，通过这类形式来传递学礼、懂礼、以礼待人的传统风尚。

"梅花传情"是让亲情、友情、爱情、邻里情、社

梅花传情　共聚新梅

赠腊八粥活动

区情围绕在居民身边，让"情"字架起"爱"的桥梁。如举办"以梅会友，共聚新梅"青年男女联谊会，搭建平台，有效解决居民情感需求，充分发挥社区内部"近水楼台先得月"的优势，提升居民生活幸福感。如建立新梅大家庭，每季度看望社区困难、低保、残疾等家庭，送去温暖与爱心，收集微心愿。又如共度传统佳节，开展"情暖新梅，腊八暖心"免费送腊八、"你我相伴，欢度中秋"做月饼、"新梅大家庭，欢欢喜喜闹元宵"赏灯会等活动。

"梅花同行"以志愿服务为主。如携手杭港地铁公司，在地铁建立"五色"志愿服务E站，合力开展志愿、便民、公益活动，倡导全民参与，营造共创共建共享大环境。如建立文化漂流驿站，宣讲社区最美人、地铁人感人故事。又如举办惠民服务，免费理发、修磨剪刀、修补衣服和鞋子、与东方汽修厂联合举办免费车辆保养等活动。

"党在我心中"陶艺活动

"喜乐元宵 梅花传情"活动

喜迎元宵活动

杭州市委组织部、西湖风景名胜区管委会组织部在潘徐平陪同下，开展基层党建"双二十条"互访互学活动

　　新梅花香逸，清气满乾坤。"梅花飘香"是一系列非遗传承活动。如每季度开设非物质遗产文化课程，带领居民体验中国传统香道、花道、茶道等文化，邀请临平当地非物质文化遗产传承人讲故事并演示相关的手艺等，让居民们在了解传统文化的同时提升生活品质。

　　"梅花献艺"是开设陶艺、花艺、厨艺、歌艺、舞艺等课程。全年共组织十余场手工艺培训班，让来自他乡的居民学有一艺，可以促进不同文化地域的人员交流与互动，营造互学、互品、互赏的良好氛围。

　　"劲美"指奋进活力。社区依托文化公园，建立篮球队、乒乓球队、羽毛球队、民族舞队，通过联谊赛、文化汇演、健行等，扬"梅花精神"，倡导社区全民运动，彰显青春活力，绽放美丽生活。

第三节 国际化社区的新梅解法

新梅社区是个"地球村",辖区内共有境外人士上百人,分别来自法国、南非、日本、韩国、美国、英国、意大利等二十余个国家。

新梅社区以"五色"党建为引领,以"五美"文化为纽带,凝聚五湖四海及国际友人的力量,创新提出"邻里融合的国际化社区"建设目标,即党建引领(Leading of party building)、和谐共治(Harmonious governance)、邻里经济(Neighborhood economy)、绿色环境(Green environment)、人文社区(Humanistic community)。

社区成立"国际化社区邻里联盟",融合辖区校、企、商、居各类资源,提出"融思想、融治理、融资源、融生活、融文化"的"五融合"服务举措,为创新国际化社区打下坚实基础。

融思想:党建引领 启航国际

以"五色"党建为引领,新梅社区通过"一三一"工作法,以"党建+队伍、治理、经济、生态、文化"五色体系,以红色思想引领党群队伍,促进国际化社区大环境建设。

为创建国际化社区,新梅人早早就开始行动,他们成立了创建领导小组,建立PDCA循环管理机制,明确人员、职责,制定国际化实施方案。领导小组每月召开一次工作例会,对国际社区建设开展沟通协调、分析总结,学习先进社区创建经验,开展头脑风暴,制定创建实施方案。

通过"五色·同心"区域化党建联盟，社区制定了党建"需求、资源、项目"三份清单；实现共建共治共享新格局，党员零距离服务群众，助力社区成为居民离不开的组织；制定居民公约，罗列社区重点工作、日常工作，通过"小法律"，促使中外居民共同遵守基本约定，从而实现"自我管理、自我教育、自我服务、自我完善、自我监督"的居民自治功能。

为了营造人人知晓、人人支持、人人参与的国际氛围，社区又从基础设施、标识标语、工作规范、活动设计等方面加强对国际社区创建的宣传，同时，多次召开党员代表、业主代表、商家代表等不同层面群体座谈会，听取、搜集群众对国际化社区创建的意见和建议。

融治理：协商议事　中外双治

身在"地球村"，如何参与村里的建设？新梅社区建立健全民主议事协商制度，邀请外籍居民代表参与社区议事协商，建立社情民意沟通机制，让中外居民参与居民公约、商圈公约、租客公约修订，参与垃圾分类、环境整治等重点工作，进一步形成国际化社区治理的新格局。

"小橙人事"社区民主议事协商体系是新梅社区自创的社区民主议事协商模式，包括核心、协商、自治、监督、绩效五部分，形成一个闭环系统。社区定期邀请外籍友人参与社区议事协商事务，扩大外籍友人参与的广度与深度。

社区挖掘国际力量，组织壮大志愿者队伍，培育合适的中外社区居民作为治理骨干力量。社区还设立了红色宣讲团、便民服务团、健康咨询团、环保使者团、文化宣传团、环境整治团等。党员发挥先锋模范作用，担任团长，通过凉亭说事活动，筛选出对治理有想法的中外居民，邀请了其中一名外籍人士作为议事会成员，共同参与网格治理，为共商社区事务、参与社区治理打好基础。

精细的网格管理是打通治理脉络的渠道。社区建立了网格图、小区楼道档案图、党群联户图、商圈联盟图，通过网格来整治楼道乱停、乱放行为，与物业公司达成统一意见，每季度集中整治楼道，每月互检楼道，每日清理楼道，评选最美商户、最美家庭，营造起好家风、好商风的国际化氛围。

融资源：经济赋能 资源融合

社区的发展与周围的环境息息相关。通过创造优质的营商环境和创业港湾，小社区经济环境能够服务大环境营商环境。新梅社区搜集辖区企业诉求，建立"资源清单""需求清单"，通过打通商业服务"最后一公里"，勾勒出良性、互动的经济生态圈。

社区倡导和谐共生，联合周边企业、商户开展经营户党员"三亮"行动，亮身份、亮承诺、亮服务，筑牢营商底线，形成60余家商圈共同体，构建生态社区商圈。

新梅社区是个年轻化的社区，具有现代化创造力，社区挖掘辖区内微客资源，营造创业氛围，扩大微客"毛细血管"，成立中外微客俱乐部，共有会员50余家，形成微客联合、平安秩序联筑、经济环境联创的架构。

新梅社区还联合翁梅地铁站党支部，设立五色便民服务驿站，以及党建宣传、志愿服务、阅读学习、休闲交流等多功能共享平台。服务驿站每年辐射周边居民3万余人，形成资源共享、优势互补、共联共建的良好态势。

融生活：品质服务　国际宜居

坚持以辖区中外居民的服务需求为导向，创造新梅优质的外部环境，营建健康的内部环境，通过做好硬件环境和社区服务的提档升级，不断提升公共服务和生活服务品质，持续提升中外居民的满意度和社区的居住吸引力。

围绕提升国际化社区整体形象，社区在周边增设了多个中外双语标识标牌，增添了一批中华传统文化的广告牌、公共服务指示牌、宣传栏及双语便民服务手册等，打造中外居民可进入、可参与、可共享的社区公共空间。社区设有活动中心、健身场馆、阅览室等公共服务场所，还设有五美文化馆、国际影院，在文化公园设立外语角、服务驿站，在保亿·风景晨园设立五色凉亭、美丽楼道等特色服务阵地。

社区设立综合服务窗口，提供一站式受理服务，提供居家养老、健康卫生、便民服务、志愿活动、心理咨询、信访代办等服务。社区工作人员积极参与上级部门组织的各类专业培训，具备英语沟通能力，可以通过公共服务平台，运用"互联网+"，开展各类特色文化及志愿服务。在疫情期间，来自南非的社区居民Takalani Henny因为语言和生活问题求助社区，工作人员上门送去生活物资和防疫物资。

社区还建立了外籍人士服务站，设立国际社工，开设双语热线及微信服务，及时发布政府公共服务信息和社区工作动态。同时，细化外籍友人志愿服务队服务项目，建设一支专业化、职业化和国际化的人才队伍，同时吸纳外籍人士共同参与志愿服务活动，构建国际社区服务立体平台，形成普惠型国际化社区服务新机制。如帮助居住在怡丰城的Theo

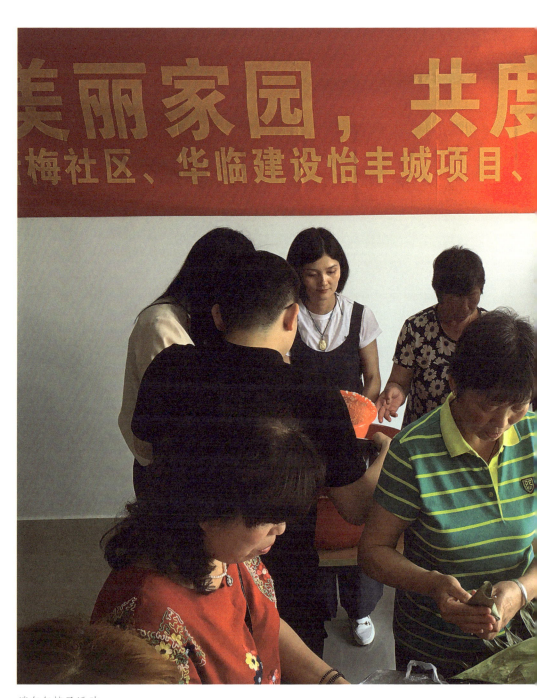

端午包粽子活动

翻译、填写回国健康申报表，给G1幢的法国人Morgan发放免费孕前检查单，陪同Jacob去派出所进行备案登记，等等。

融文化：中西合璧　文化融合

让来自全球各地的外籍人士更好地融入本地的社会文化，让他们能在文化交流互动中认知，融会贯通在活动中的感受，在笑声中升华人情缘分，是新梅社区一直坚持的探索和实践。

新梅社区将中华传统文化与国际文化元素相结合，开展端午节包粽子、中秋节做月饼等传统活动，让外籍友人充分融入社区，感受传统节日氛围。2020年以来，社区举办了多场旗袍秀、汉服秀、品茶茗香、戏曲表演等蕴含丰富中国元素的文化活动，让外籍友人在活动中了解中国传统文化，体验中华文化的魅力，增强中外居民的文化认同和交流。

世界环境日

社区通过摸清各类教学资源，建立了国际化资源库，促成了快乐学、智达教育、美吉姆、贻日手做等教育机构联盟；定期发布各类国际化的学习资料，提升全面学习能力；定期开展中英文绘本阅读、外语角学习交流、中外文化对对碰、观看中外优秀电影等形式的交流活动，构建中外居民动态交流沟通的载体，进一步拓宽社区居民的国际视野，加深外籍居民对中国的认知了解，使其融入社区生活。

增强文化认同，才能共创中外一家亲。新梅社区带领外籍友人参观"五美"文化馆，打造形式多样的地区文化和民俗展示平台或窗口，促进中外居民了解当地文化，进一步增强了大家对生活区域的文化认同感和归属感。2020年以来，社区开展了不同类别的文化交流活动，有世界环境日宣

传承民俗　粽享国际　共聚新梅

传、入学礼、文明出行劝导、便民服务、中医健康讲座等活动，很多活动都有外籍友人参与，赢得了居民的一致好评。

"新谱五色曲，梅迎万家春。"新梅社区的多元开放、创新发展，凝聚着社区全体居民的认同感和幸福感，构建起共建、共治、共享的国际化大家庭。

第四节 被活动滋养的"新梅"

在"五美文化"的滋养下，南苑街道新梅社区涌现出丰富多彩的活动。

吉祥物上线了

梅花迎冬开，欢歌庆新年。2020年1月1日，适逢元旦佳节，新梅社区全体工作人员、居民共同见证了新梅社区文化公园的落成启用。文化公园位于翁乔路和杭浦辅道的交叉口，翁梅中心河南侧。

活动当天，居民群众挤满了文化公园。当社区全体工作人员现场演唱社区之歌《浙里新梅》时，很多居民都拿起了手机拍起了抖音；给新梅社区十全十美人物、十大标兵颁奖时，现场群众掌声雷动，从他们的眼神能看出他们的认同和欣赏；新梅社区人口家庭协会倾心制作的快板《协会欢歌大家唱》，欢快诙谐，博得居民们一阵阵喝彩……

几个月后，2020年5月，新梅社区吉祥物、文化家园代言人"小新""小梅"上线了。"小新""小梅"的出现，是为了进一步凝聚居民向心力，增进家园认同感，为和谐社区建设注入更多精神和文化力量。

"相约周末"活动

新梅社区与翁梅地铁站结队共建仪式

吉祥物是两个身着汉服、形象可爱的卡通人物，小新捧书本，小梅持梅花，既嵌入了社区名称，也寓意着"知书达礼、务实创新"的治理理念。

2020年7月，新梅社区还邀请外国友人举办了一场民俗文化活动。来自美国、英国、法国、阿联酋等国的外国友人，穿汉服、行汉礼，参加了中国书法、团扇绘画、品工夫茶等民俗传统活动。

在团扇绘画现场，来自英国的Alina跟着老师认真学习，不一会儿便在团扇上画出一幅精美的梅花图案，她对自己的作品相当满意。在新梅社区居住的外国友人有上百名，社区希望通过中国传统节日等系列活动，增进外籍友人对中国传统文化的了解，更好地融入本地生活。

红色影院开张了

居民余大伯高兴地说："今后不出社区就能看上免费电影，还能认识更多邻居，感谢社区给我们提供了这么好的文化活动场地。"2020年10月，新梅社区红色影院首次对社区居民开放，首映式邀请社区党员及居民代表观看了电影《建国大业》，现场座无虚席。

2020年11月某日下午，红色影院内《反贪风暴4》正在放映，影厅内影迷们聚精会神地观看。影院位于社区二楼一间40多平方米的房间内，12张沙发观影椅、4K高清银幕等先进设备一应俱全，置身星空投影中，观众能享受大牌电影院的观影效果。

今年66岁的李正禄是四川人，这两年来到临平照顾孙子。20世纪80年代，他曾是当地的电影放映员，奔走在各个乡镇为老百姓放影片。"那时候武打片居多，都是用胶片播放的，每一部片子在一个生产队里至少要播放一次。"也就从当上放映员那会儿开始，李正禄喜欢上了看

书香会友读书节活动

"五色"服务E站送凉茶

趣味运动会

电影，现在，每逢新片上映，儿子都会带上他和老伴走进电影院。自从社区影院对外开放之后，他也会根据播放内容前来观影。"这些影片都是我们喜欢看的，这不仅丰富了我们的业余生活，也拉近了与邻居之间的距离。"李正禄说。

新梅社区0.54平方公里辖区内有保亿·风景晨园、怡丰城和艺郡府三个小区，红色影院是在社区"五色"党建引领下打造五星级文化家园的重要载体，也是社区实施党建引领文化治理，打造睦邻熟人社区的创新手段。"以文化为纽带，缩小地域差异和文化差异，让居民能融入新梅这个大家庭，这种生活是我们所期盼的。"新梅社区相关负责人说。

此外，针对不同群体需求，红色影院还设置了电影党课、廉政、健康教育等不同主题的电影清单。播放的影片会提前发布在社区各网格群里，居民可在微信群里报名观影。根据实际情况，社区还会增加电影播放场次。

百年华诞为党庆生了

2021年是中国共产党成立100周年，为庆祝党的生日，新梅社区开展了"不忘初心　百年华诞"系列活动。回顾党的光辉历程，祝福祖国繁荣昌盛、欣欣向荣。

活动一：瞧！"不忘初心　筑梦前行"闹元宵猜灯谜活动拉开了"不忘初心　百年华诞"系列活动的序幕。现场有做糖人、发糖葫芦、猜灯谜、古筝弹唱等活动，把百年党史知识融入灯谜中，丰富的党史知识激发着党员群众的学习热情，营造着欢乐与祥和的节日氛围。

活动二：2021年3月5日是第58个全国学雷锋纪念日活动，"不忘初心　不负韶华"便民服务在社区党群服务驿站开启，青年党员、团

"不忘初心 永葆本色"端午活动

员、志愿者们穿着红马甲为居民提供理发、修脚、磨刀、量血压、测血糖等服务，现场还设置了党史知识展览，让大家从党史学习中汲取营养，激励党员守初心、乐奉献，让更多的居民参与到志愿服务中来。

活动三：党史是一本最好的教科书，学史明理，学史增信，学史崇德，学史力行。一场"不忘初心　鉴往知来"党史知识竞赛活动受到了党员们的热烈欢迎，现场分初心队（牢记初心使命）、先锋队（争当党员先锋）、筑梦队（携手筑梦前行）、奋进队（奋进复兴征程）、翱翔队（翱翔伟大时代）五支队伍，队员们你争我抢，学得不亦乐乎。党员们一方面在潜移默化中接受着党史熏陶，另一方面分享着喜迎建党100周年的喜悦。

活动四：垃圾分类是社会文明进步的重要体现，垃圾分类引领绿色生活新时尚。喜迎建党100周年，要发挥党员在垃圾分类工作中的"领头羊"作用。活动现场互动答题小道具吸引了大量居民驻足围观，大家跃跃欲试、井然有序排队答题……"学党史、悟思想、办实事"，垃

"护航建党百年"巡逻

级分类观念深入人心。垃圾分类需要每一位居民共同努力，不忘初心，持之以恒，养成良好的分类习惯，合力建设环境美、生活美、人文美的宜居社区。

活动五："新梅居民看过来，防诈知识要普及……"朗朗上口的防诈顺口溜传播到小区的各个角落。南苑派出所、街道、社区、党员、志愿者们参加了"不忘初心　锲而不舍"防诈攻坚行动启动仪式。活动现场，南苑派出所夏教导员语重心长地讲解着案例，社区宣讲团以生动的案例向居民普及预防诈骗知识，全力提高居民群众防范电信诈骗意识。大家携起手来，共同宣传，共同走访，共同倡议，坚决打赢防诈攻坚战，创建无诈社区。

活动六：古有"秦时明月汉时关，万里长征人未还。但使龙城飞将在，不教胡马度阴山"，而今，军人与世界和平共生，军人有刚正不阿的一面，军人也有铁血柔情的一面。你瞧，"不忘初心　永葆本色——党心连我心，端午品'粽'情"活动就是专为他们而设的。退役军人志愿者早早来到海陆空打卡区，孩子们穿着海陆空军装与军人拍照；在"一枝一叶总关情"区，孩子们又井然有序排队参加"钓粽子"游戏，多钓多得，钓者既紧张又兴奋。军人的汗水彰显着忠诚、凝结着使命，汗水是军人的"勋章"。

活动七：新梅篮球场成了孩子们的乐园，"不忘初心　童心向党"少儿趣味运动会于6月12日启动，活动以喜迎建党100周年为主题氛围布景，让孩子们从小接受红色爱国主义教育。社区为不同年龄段的孩子设置了手脚并用、节节高、一锤定音等互动游戏项目，并赋予活动不同的主题名称，比如手脚并用又叫小红军勇夺铁索桥。活动现场一片欢乐，在寓教于乐的同时，孩子们也感受到了"红军不怕远征难，万水千山只等闲"的气魄。

活动八："不忘初心　方得始终"党建公益集市活动是"不忘初心　百年华诞"系列活动的完结篇。活动现场共建单位早早布置好了他们的店铺，摆上公益物品，等待着居民选购。上午9点，启动仪式开始，南苑街道人大工委主任李万民等合力浇灌着绿植，寓意着党建公益事业茁壮成长、未来可期。10家单位带着不同特色的物品在集市上吆喝，吸引着众多居民的目光，特别是孩子们，三五成群兴致勃勃地选购心爱的物品，小心翼翼地把善款投入公益捐款箱。活动的善款最终由社区捐助给临平区福利院。公益达人还可抽取一张"学党史知识卡"，一边做公益，一边学党史。

"不忘初心　筑梦前行"闹元宵猜灯谜活动

新梅社区"三·五"学雷锋日主题志愿服务活动

新梅社区"三·五"学雷锋日主题志愿服务活动

"不忘初心 鉴往知来"党史知识竞赛

"不忘初心　牢记使命"党员红色参观活动

"不忘初心　砥砺奋进"暨2020年度十全十美人物表彰活动

"不忘初心　持之以恒"垃圾分类活动

"不忘初心　锲而不舍"防诈攻坚行动启动仪式

"不忘初心 锲而不舍"防诈攻坚行动启动仪式

"不忘初心 方得始终"党建公益集市活动

入学礼活动

第二章　枝繁叶茂暗香来

　　五湖四海的文化，如何在这里共融？家门口的熟人型社区，如何打造？社区居民的凝聚力，如何体现？……

　　南苑街道新梅社区一方面通过举办群众所喜闻乐见的文化活动，丰富社区居民的精神内涵，另一方面通过宣扬中华民族传统美德，积极弘扬真善美。

　　在社区所有人的不断努力下，"梅美与共，天下大同"的理念日益枝繁叶茂、深入人心。一个"有温度"的新梅，成为所有人的共识。

第一节　多元融合的"大社区格局"

在社区党总支书记、居委会主任郭小英看来，新梅社区要打造一个多元融合的"大社区格局"。这个"融合"，既包括以家风家训促进思想融合，又要创新服务平台，为"新杭州"青年人带去温暖。

让好家风家训深入人心

"君爱财，取有道，不义财，避为高。严律己，宽待人，往不咎，情谊深。……"在新梅社区党群服务中心的墙上，有一部"三字经"，一到周末，就有不少社区里的"宝妈"们抱着宝宝前来看一看、读一读。

这部"三字经"其实是廉洁"三字经"，作者是新梅社区的党员、居民代表。廉洁"三字经"读起来轻松上口，以3字为段，共80段，简短的240个字涵盖了廉洁守则、个人品质、家庭伦理等内容，凝结着新梅人

入学礼活动

对"廉"的理解。

除了上墙的"三字经"，如今走在新梅，处处可见"廉"元素。社区专门建立了廉政文化馆，馆内的《石灰吟》浮雕墙绘、楼梯转角处的莲花、500米长的廉政文化长廊、小区公园内的清廉雕塑……都时刻提醒大家要"干净做人，廉洁做事"。

"我是一名党员，公家便宜咱不占，要一身正气……"2021年9月25日晚上，一场精彩的廉政故事分享会在新梅社区二楼活动中心举行，来自新梅社区的党员、居民代表讲述自家的廉政好家风故事，在轻松愉悦的氛围中传播廉政思想、弘扬清风正气。

本次活动以故事分享会这种新颖的形式来宣扬廉政理念。老党员余炎松的知青下乡故事，从尽忠职守到不忘老党员的初心；老杭州人刘星儿的廉政自律好家风家教故事……让在场的党员群众听得感动连连。他们在台上用朴实的语言，将一个个鲜活的事例、一段段精彩的家风故事、一代代传承的廉政教育理念讲述得淋漓尽致。

此外，社区还组织全体党员参观区廉政教育示范基地——新四军随军被服厂旧址，组织全体党员重温入党誓词，接受廉政教育；组织党员开展"初心永不忘，经典颂祖国"清廉文化诵读活动；等等。

树立清廉的家风，建设一个和谐文明的家庭，是新梅社区建设清廉示范社区的重要抓手。"家"成了社区加强教育、强化监督、注重从源头上预防腐败问题的重要阵地；而家风家训是培育人、塑造人的无形力量，营造良好的家庭氛围是传承好家风的基础。

新梅社区积极倡导德孝的好家风。为此，社区专门建立了好家风馆，每季度举办好故事会，由普通居民上台分享自己家的家风家训故事，每年利用相约周末、元旦文艺汇演等大型演出活动，组织居民上台

入学礼活动

"弘扬好家风　传承好家训"故事分享会

宣讲好家风、展示好家风；建立德孝馆，在居家养老日照中心设置"新二十四孝"，让"老吾老，以及人之老；幼吾幼，以及人之幼"深入居民内心；举行"十全十美"人物表彰晚会，推动居民对传承弘扬好家风的认同感。

好家风馆建立两年多以来，居民的黏合度越来越高、凝聚力越来越强，目前小区内的家庭矛盾、邻里纠纷明显减少，和美的熟人社区进一步形成。

让青年感受到"温度+情怀"

"青年兴则国家兴，青年强则国家强。"青年是未来社会发展的生力军和开创者。新梅社区"新杭州"青年人齐聚，如何打通服务青年人的"最后一纳米"？

"梅花带雪韵飞扬，傲骨凌霜暗香来。运幄千秋齐聚力，杭临志愿似雄梁。"走进新梅社区的新梅青年工作室，首先映入眼帘的便是这一首《梅·志》。一直以来，新梅社区致力于塑造高质量的"红创社会组织"。这一新梅青年工作室，正是红创社会组织的活动场地。

"这个周末，社区组织青年们开展团队拓展活动。""青年创业，有哪些需要注意的方面？""有什么适合青年人周末放飞自我？"……在青年红创的公众号上，时常可以看到服务青年人的推文。社区"青年红创"负责人介绍，当前团队包括组长、副组长在内，共有9名成员，各自分工明确，"以青年的需求为切入点，通过组建青年红创公众号、微信及线上线下互动群等，建立起青年间互帮、互助、互信平台"。

"青声细语说民事，青力勤为办实事。"在新梅社区，青年人参与社会治理的途径颇多。"青年说事""青话凉亭"……青年的所思所想

传承国学之入学礼活动

传承国学入学礼活动

所为，得以被重视。

除了落实建档、跟踪、回访体系，通过青年工作室，社区还形成了一系列系统化、专业化、科学化的活动策划，搭建单位、社会组织及社会资源平台，以更好地服务和解决青年创客的成长与需求。

"我们创新青年'M5+R5'模式，突出'增能+减压'双向互动，打造青年创业、教育和拓展空间，促进青年人开拓创新。"新梅社区相关负责人如此介绍。

所谓M5模式，即以创客为载体，通过"创客讲堂、创客空间、创客教育、创客服务、创客文化"为主要内容，以创客精神为轴心，通过青年"线上+线下"创新、创业的良性互动，建树优质青年创客代表，依托青年工作室，建立创业实践平台，带动更多的青年合力共为，营造创效孵化基地。而R5模式，则是指以区域为平台，根据青年的兴趣、爱好及家庭设定活动场地，通过"增能、减压、体验、休闲、拓展"区域，实现有志青年创客工作中学习、培训、教育、实践、文化活动的运行。

"我们将创新工作载体、强化组织保障、优化运行机制，着力打造'创新、共享、互动、智能、未来'的青年创新创业创效孵化基地。"郭小英说。

第二节 文娱团队"百花齐放"

组建篮球队、乒乓球队、旗袍队、书画队、小梅花等30余支文娱团队，服务居民13000余人；全年开展如"不忘初心　童心向党"第二届少儿趣味运动会等32场大型的文化活动……当前的新梅社区，文化平台不断完善，文化内涵日益丰富，文化活动"百花齐放"。

篮球队vs羽毛球队

说到新梅社区的文娱团队，篮球队可谓是当仁不让的"老大哥"：人数最多、参与的活动也最多。

社区篮球队组建于2018年，队员们来自各行各业，都是社区里普通的居民，他们因为热爱篮球、喜欢运动，走到了一起。原先每个小区里喜爱篮球的业主都自发组织了篮球队，但由于社区里没有场地，他们经常会在业余时间结伴出去打球；直到社区

迎新年篮球对抗赛

迎新年篮球对抗赛

成立的第二年，建设了新梅文化公园，配套标准篮球场，才正式组建了社区篮球队。目前篮球队已有100余人，队员里有律师、医生、创业老板、教师、自由职业者等。

当初，篮球队成立还不到一个月，新梅社区、洋头坝社区就进行了迎新年篮球对抗赛，在球场上，两队在一开始便打得旗鼓相当。教练在场边排兵布阵，队员们在场上配合默契，最终，新梅篮球队以微弱优势赢得了比赛。

自那以后，队员们经常利用下班以后、节假日空余时间交流切磋球艺，因为大伙儿都住在同一个小区，目前配合得已经相当默契。社区居民谢培均是社区篮球队的主力队员，日常生活中，他的职业是一名

迎新年篮球对抗赛

律师，工作中一丝不苟，但到了球场上，他则是队友们眼中的"神射手"。"大家都是离开校园、开始工作以后，仍然没有放弃篮球这一爱好，现在聚集在一起，比赛输赢其实不是最重要的，更关键的是认识了一群志趣相投的朋友。"他说。

相较于篮球队，羽毛球队则显得人员单薄。虽说这一项运动老少皆宜、上手也快，但真正能达到上场比赛水平的人却并不多。26岁的社区居民小王是这支队伍中的佼佼者。他的习惯是每周三、周五前往球场自主训练。说是训练，其实就是同一两位水平相当的对手酣畅淋漓地"对决"一场。

社区羽毛球队，更多地限于社区居民内部交流。小王说："希望有越来越多的羽毛球爱好者加入队伍，让队伍力量越来越强大。当然，羽毛球运动主要目的也是为了锻炼身体，丰富大家的日常生活。"

以茶会友队vs以花会友队

可以以文会友，那么可以以茶会友吗？回答是肯定的。

新梅社区就有这么一群以茶会友的志同道合之士。社区以茶会友队组建于2019年，是社区"五美文化"理念中"融美"的体现。

以茶会友队人数不多，多为社区内偏爱喝茶的中老年人。他们时常聚集在一起，品茶聊天，探讨泡茶、品茶的心得。

张大爷就是其中的一位。年轻时他便爱好喝茶，"天天都要喝"，现在退休了，更是常年手不离茶杯。红茶、绿茶、白茶……对于各种茶叶间的区别，他都十分清楚，武夷山大红袍、西湖龙井、信阳毛尖……对于国内的各种名茶，他也如数家珍。

"多喝茶，对身体好。"这是张大爷经常挂在嘴边的一句话。

三八妇女节活动

母亲节活动

母亲节活动

偶尔，他也会将自己觉得特别好的茶叶推荐给其他茶友，当一回"代购"。据张大爷说，他们队伍中的人，也已经开过几次小型的品茶会，大伙儿聊聊琐事，乐在其中；而社区每季度也举办茶艺文化品鉴会，以茶会友，表人品，交真心，让人越喝越明白。通过学茶艺、喝茶，互不相识的新梅业主相聚在一起，还有居住在新梅辖区的国外友人，他们也爱上了中国的茶文化。

为丰富社区居民的精神文化生活，进一步促进社区融合，倡导热爱生活、追求美好的良好社会风尚，体现"五美文化"理念的"韵美"文化，新梅社区还组建了以花会友队。

母亲节活动

以花会友队中女性偏多，利用三八妇女节、母亲节等活动，定期举办以花会友、爱尚生活的花艺培训活动，邀请专业的花艺师进社区，理论知识和实操相结合，从插花会用到的花材、花型、花色搭配到容器的选择等方面进行讲解，用简洁的语言向大家传授花艺基础知识。通过花艺交流、插花培训，让居民们爱上花艺，同时也能交流感情、增进沟通，形成和睦相处的社区氛围。

当然，这支队伍并非仅仅是"以花会友"，时间久了，她们也成为参与社区花园设计、维护的重要力量。

旗袍队vs广场舞队

2021年，在新梅社区"不忘初心　砥砺奋进"暨2020年度十全十美人物表彰活动上，一支身穿旗袍进行走秀的队伍，令社区居民们眼前一亮。舞台上，十余名身姿挺拔的女性身着典雅的旗袍，款款从"画"中走出，莲花碎步、回眸浅笑、顾盼生姿，仿佛穿越到了民国时期，举手投足间尽显端庄气质。

说起队伍的组建，旗袍队队长柳阿姨掩藏不住脸上的笑容。"当时打算在社区内组建一支旗袍队，本来是抱着试一试的心态在社区群里发了消息，没想到大家的热情这么高涨，有五十几个人报名。最后，我们还经过了一轮选拔呢！"

目前，社区旗袍队队员有15人，年龄都已经有四五十岁，但阿姨们个个都是文艺积极分子，曼妙的身姿、优美的舞步、演出的投入劲，也完全不输年轻人。

旗袍队的排练时间并不固定，每次也不都是同一个场所。有时候，在小区的空地里，十几位队员不穿旗袍也开始了走秀表演，仅仅为了排练步伐。目前，社区里有"相约周末"等大型文艺演出活动，旗袍队总能上台秀一秀，深得社区居民喜爱。

"其实旗袍不仅仅是一件可以穿出去的衣服，更是一种表达美的方式。"柳阿姨说。

广场舞队也是如此，作为现代人追求健康生活方式的衍生，广场舞是社区居民们最喜闻乐见的健身方式，不仅能丰富居民文化生活、锻炼居民身体，更拉近了居民之间的距离。队伍里的许多阿姨，白天忙着带孙子孙女、操心家务，晚上得空就聚在一起热热闹闹地跳一场。

新梅社区成立了2支广场舞队伍，有30余人，队员基本上都是50岁左右的阿姨，她们没有舞蹈基础，凭着对广场舞的爱好组合在一起。

社区每月会请来专业的舞蹈老师来教授她们广场舞技巧，让广场舞更加具有表演性。通过社区的整编和培训，目前广场舞队伍已经越来越专业化，甚至，广场舞队已经开始走出社区，她们时常同其他社区的广场舞队

"绿地魔方杯"广场舞比赛

伍进行"同场竞技"，也会一同排练一支曲目。

在街道、社区举办的晚会上，最少不了的就是这些阿姨们的身影。阿姨们说："我们既是为了强身健体，也期待有一天能站上更大的舞台，将表演奉献给大家，带给大伙儿欢乐。"

当然，社区内的其他文娱团队，也都有属于自身的精彩。

社区棋艺队由12人组成，都是小区里爱好下棋的居民。他们以前只能在小区凉亭里下上几盘，自从成立棋艺队后，队友们经常相约在社区二楼居民活动中心切磋棋艺。棋艺队的队员大多是60岁左右的老年人，

重阳节活动

新梅社区梅花传情系列之欢度中秋

"月满新梅　诗意中秋"主题活动

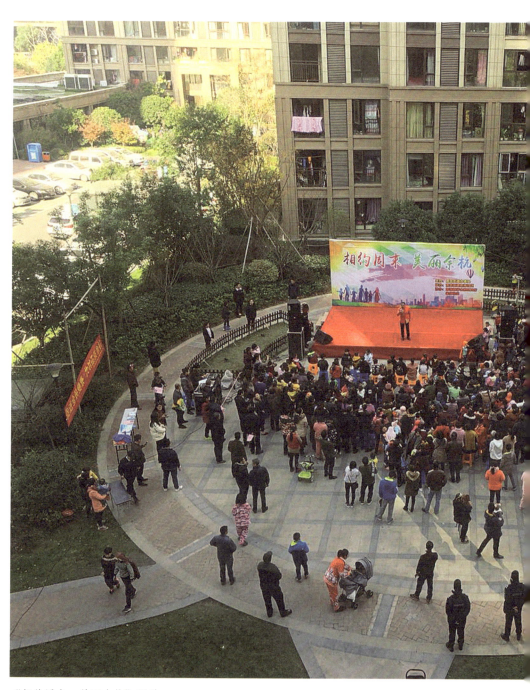

"相约周末　美丽余杭"活动

这是他们退休后最大的爱好，他们每月通过居家养老服务照料中心组织一两场棋艺比赛。目前，棋艺队也吸引了越来越多的年轻人加入。

社区厨艺队目前有20余名队员，多为五六十岁的阿姨。有的队员来自四川，烧得一手好川菜；有的队员来自山东，擅长鲁菜；还有的来自湖南，会烧湘菜……她们时常会做出一些美味佳肴，通过社区工作人员分发给社区居民，而社区在元宵、中秋等传统佳节举办的活动，则更是她们的"主场"。社区每年会结合重阳节敬老等活动开展美食擂台赛，每位队员烧一道自己的拿手菜，邀请专业的厨师做评委，并请居民们品尝和打分。美食擂台赛成了厨艺爱好者的舞台，展示和分享美食，让她们厨艺更加精湛，也增强了邻居之间的相互关爱。

老年协会集体生日

"家乡的味道"厨艺比赛

"家乡的味道"厨艺比赛

老年协会集体生日

新春送福活动

　　社区书画队拥有18名队员，大多是离退休的居民，自建立书画队以后，社区专门聘请了丘山书画院的老师们为顾问，指导书画队员们学习书画。书画课成了社区老年大学最受欢迎的课程，有助于推动书画技艺传播、培养优秀书画爱好人才，形成浓厚的老有所学、老有所乐、老有年享、老有所为的氛围。书画队每月依托社会组织在二楼居家养老活动中心开展书画学习，研习书画创作、分享书画经典、探讨书画知识，打造"夕阳红"书画品牌，每年举办新春写福字送对联活动，在社区迎接建党100周年的书画展上，参与书画活动的居民达500余人次……

　　新梅社区相关负责人表示，仅2021年一年，各文娱团队就举行了大大小小的活动60多场，"极大地丰富了社区居民们的精神文化生活"。

第三节 为"最美新梅人"喝彩

每一个社区都有这样一批"最美"成员：他们或是日常奔波于社区之间、调解邻里纠纷的楼道长，或是不辞辛劳、积极述说社区故事的宣讲员，或是数年如一日、坚持热心公益的志愿者，又或是传承良好家风、弘扬和睦友善社区氛围的普通居民……

在新梅社区也不例外。从最美党员高玲玉、最美巾帼李金燕，到最美退役军人吴滋润、最美家风刘星儿，再到最美公益人周唐明、最美物业人朱旭林……正是这一个个"最美新梅人"，让新梅社区更加充满温度与爱。

最美网格员：庞超

2018年的时候，庞超还只是一名刚刚入职到新梅社区的网格员，如今，他已经成为一名网格班长。

在新梅社区，庞超算是"小有名气"。"网格员，既是民情信息的收集员、风险隐患的排查员，也是矛盾纠纷的调解员、政策法规的宣传员。"这是庞超对自我的要求。

年纪不大的他，为人十分成熟稳重，对待工作也十分认真细致。日常工作中，庞超去得最多的地方，就是社区沿街的商铺。"商铺老板对于社区的情况往往比小区居民有更直观的感受，多与他们交流，能更好地发现社区存在的问题，方便第一时间上报并帮助解决。"

在高效率帮助大伙儿解决问题的同时，庞超也是个"热心肠"。社

最美商户评选

区居民大事小事，往往都来找他帮忙，大妈大婶闹矛盾了，也都会找他来当和事佬……社区居民都说，只要是社区里的事，找庞超准没错。

最美婆媳：孙应梅、杨培芳

"孝，乃百行之本，众善之初也。"尊老爱老是中华民族的传统美德，这一点在家住新梅社区保亿·风景晨园小区7幢的孙应梅婆婆和她的儿媳杨培芳身上，体现得淋漓尽致。

平日里，时常可以看见孙应梅婆媳两人手挽着手、有说有笑地一起买菜逛街的身影。街坊邻居都说，这婆媳俩一点不像婆媳，反倒像是一对好姐妹。

在日常生活中，杨培芳对待婆婆就像对待自己的母亲一样，有好吃的、好玩的都会叫上婆婆，带婆婆尝试不同的"新鲜玩意儿"，快乐的事情会与婆婆分享，难过的时候也会向婆婆哭诉。

"在我们家，有什么事情要做决定前，我都会和婆婆商量一下，听听老人的意见，最后再统一所有家庭成员的想法。因此我们家中从来没有出现过因为意见不合而争吵的时候。"杨培芳这样说道。

杨培芳的两个女儿，从小也知道一定要孝顺奶奶。"妈妈说，奶奶年纪大了，现在和长大了都一定要对奶奶好。"

与之对应的，孙应梅作为婆婆，也将杨培芳当作亲生女儿一样关爱与照顾，还特意去学习小一辈喜欢的东西，了解他们的兴趣爱好，遇到不懂的地方，她就向儿媳请教。孙应梅经常开玩笑地说："学习了解现在年轻人的兴趣爱好，感觉自己也越来越年轻了。"

两个人相互理解、相互照顾、相互沟通，这就是孙应梅与杨培芳这对"最美婆媳"快乐相处的秘诀。

最美商户评选

不仅如此，孙应梅还是新梅社区的一名志愿者，时常参加社区活动，不久前，儿媳杨培芳在她的带动下也加入了志愿者的行列……

最美家风：刘星儿、陈敏

同住新梅社区保亿·风景晨园小区8幢的楼道长刘星儿，是社区"最美家风"的典型标杆。

刘星儿是一名地地道道的老杭州人了，退休之后才搬到这里。年轻时，刘星儿因为工作关系长年出差在外，妻子一人在家中，既要照顾生病卧床的婆婆，还要照顾年幼的孩子，但妻子几十年来任劳任怨，从不抱怨，用自己的实际行动默默诠释孝老敬老的美德。

这一点，一直是刘星儿这么多年来心中的遗憾。退休之后，为了弥补自己对家庭照顾的缺失，刘星儿将自己对妻子的爱意表现在日常生活中的点点滴滴，对妻子几乎是百依百顺。他同妻子一道操心日常家庭生活的琐事，一起教育儿子、儿媳和孙子孝敬老人。

刘星儿说，只有好家风，才能把爱和美德延续下去。因此，在他的家庭里，夫妻和睦、孝顺长辈是放在第一位的。

2018年，刘星儿一家被评为健康家庭，这也充分印证了刘星儿一家家庭教育的成功。

怡丰城小区楼道长陈敏夫妇俩孝敬老人在社区里也是有口皆碑。

陈敏的老父亲已经80多岁了，怕父亲日常一个人在家无聊，陈敏每天早上坚持送老人到社区居家养老中心看报，而他的妻子每天中午则从单位赶回家，为老人做好中饭再赶回单位上班；下班后，陈敏再把父亲接回家中……数年如一日，陈敏夫妇俩身体力行为女儿树立起敬老爱老的榜样。

最美志愿者：周唐明、倪中南

提起周唐明，新梅社区的居民无不竖起大拇指称赞。

作为保亿·风景晨园小区11幢的楼道长，在日常兢兢业业做好本职工作的同时，周唐明还积极参与社区的公益活动。出租房入户排查、夜间平安巡逻、垃圾分类宣传……社区的各项活动中，你总能看见他忙碌的身影。

正因如此，他被社区评为"五星志愿者"。

但周唐明最令人佩服的，是他还利用休息时间，参加杭州市的各类公益服务活动。2006年至今，周唐明参与志愿服务2533.5小时，曾被杭州市政府评为"服务保障G20杭州峰会先进个人"；2019年又获得"功勋志愿者"荣誉称号。

值得一提的是，2002年至今，周唐明已经参与无偿献血14200ml，2016年被浙江省人民政府授予"无偿献血之江杯奖"荣誉称号。

倪中南则一直是大伙儿口中亲切的"倪师傅"。一身红马甲、一脸笑容是居民印象里他的"标配"。社区有政策通知要宣传，他总是不厌其烦地一遍遍入户宣讲；居民家里电灯坏了、水管堵了，只要有事找他帮忙，他就算自己不会做，也会找师傅前来维修……久而久之，凭借一腔热情，倪中南成了小区里的"百事通"。

当然，新梅社区的"最美人"远不止此。

最美法治宣传员王莉，通过创新普法宣传方式，把枯燥的法治内容变成三句半、顺口溜等容易让居民记住的形式，用"小故事"讲"大道理"，强化群众性普法宣传。最美物业人朱旭林，默默为业主们排忧解难。最美计生员汪祥梅，为了社区的优生优育工作，时常走门串户，主动联系育龄妇女，为她们送上免费检测券。最美书香家庭夏丽丽，家里摆了满满一客厅的书，在孩子的早教方面可谓下足功夫。甚至还有最美学习强国达人赵亚娣，她养成了每天早上起床打开学习强国学习、边做事边浏览新闻的习惯，学习强国已成为她生活中不可或缺的一部分……

　　如今，新梅社区的"最美新梅人"已达数十位。相信会有越来越多的"最美"涌现，共同创造一个"最美社区"。

第四节 助力健康成长的"儿童之家"

新梅社区儿童之家位于新梅社区党群服务中心二楼，现有办公、活动用房面积200平方米，配有亲子阅读室、亲子手工坊、亲子舞蹈室、亲子电影院、心理咨询室等活动场地，服务功能健全，为辖区内儿童营造学习、交流和健身的欢乐园地提供了有力保障；同时植入智慧养老、社区医疗、科普驿站、青少年俱乐部、幸福学堂等功能，着力打造功能齐全、服务完备的儿童之家。

儿童之家以儿童需求为导向，为儿童提供一个安全稳定的学习活动场所，搭建一个与家长、监护人沟通交流的互动平台。

建设示范型"儿童之家"

新梅社区按照有活动场地、有设施设备、有工作队伍、有基础服务、有常态管理的"五有"建设标准，着力打造儿童之家工作服务平台，构建"政府主导、部门联动、学校教导、家庭监护、社会参与"的关爱服务体系。

成立组织机构，制定工作制度。新梅社区成立了以社区书记郭小英为组长、以社区干部为成员的社区儿童之家工作领导小组，负责社区儿童之家的管理运行等具体工作。结合社区儿童特点，设立了"心灵驿站""娱乐区""阅读区"等多个板块，制定了儿童之家的各项管理制度，做到了责任分工明确，确保把工作任务全面落实到位。

全面摸清底数，认真建档立卡。社区深入实际开展调查研究，全面摸清社区儿童的底数，给每个儿童建立了专门档案。其基本内容，包括学生的基本情况、家庭详细地址、联系电话、身体状况、年龄等。

在组织实施阶段，社区发挥"五老"作用，做好教育引导。新梅社区充分发挥社区老干部、老专家、老教师、老模范、老党员在青少年校外教育中的特殊作用，配合有关部门加强对网吧、游戏厅的监管工作；引导儿童参加社区活动，远离不良嗜好、不法场所、不轨人群，在人格上做到自尊，在生活中学会自立，在独处时能够自律，在成长中不断自强，及早防范不良行为，确保他们快乐健康成长。

动员社会力量，开展帮扶活动。社区发动幼儿园教师、退休老人、共青团员担当流动儿童的"代理家长"和义务辅导员，给他们力所能及的关心；邀请"五老"当好儿童的校外辅导员，开展思想道德品质培养和儿童成长教育的"大手牵小手"活动；发挥共青团员和青年志愿者队伍的作用，开展"心手相连"结对帮扶活动，通过帮扶活动使每一名儿童都能切身感受到"心有人爱、身有人护、难有人帮"的幸福和温暖。

同时，社区切实发挥儿童之家临时照料、宣传教育、关爱保护、文化娱乐、心理疏导等功能，开展各类文体活动。开放时间每周累计不少于30小时，平均每月开展不少于2次主题宣传教育实践活动，活动通过线上线下报名开展。

儿童健康成长的阵地

让"儿童之家"成为社区青少年最开心的家园，家长最放心的港湾。新梅社区儿童之家正是朝着这样的理想目标前行，春风化雨，润"心"无声。自成立起，"儿童之家"开展了多个项目。

"小梅花"成长港湾项目。暑假是青少年最开心的日子，生活在社区的80后、90后居民大都是双职工家庭，早出晚归。为解决青少年暑假无人照看的后顾之忧，从2018年开展了"小梅花"成长港湾项目，三年多的运营，现在"小梅花"已成了社区青少年最开心的家园，成了家长最放心的港湾。

为了让"小梅花"成长港湾项目更加深入人心，中心制作了项目代言人"小梅"，衍生出抱枕、钥匙扣、公筷等周边，真正地让"小梅花"烙印在居民心中，做到润物细无声。"小梅花"与常规的四点半课堂、校外补习不同，它重课外知识，拓展训练，开阔视野。"小梅花"成长港湾主要分为三个部分：国学连、训练营、爱国团。

"未来教育·惜梅"项目。"惜梅"项目把社区教育与新梅文化、社区治理充分结合，由浙大社会学系任强教授与上海至美公益基金会杨立老师和浙大学生志愿者全程督导，以"生态环保"为大主题，开展少年儿童团队破冰、垃圾分类、小区寻宝、家长课堂、展览评比等一系列活动。项目打破传统教育常规，寓教于乐，在实践中学，培养"社区主人翁"意识，培养思考能力、动手能力、协作能力等，以"小手拉大手"的方式，将社区教育从少年儿童延伸到父母及祖父母，引导全民学习、终身学习，形成社区教育与家庭教育有机互动。

下一步，新梅社区将以家庭、学校、社区三方相结合的关爱体系，进一步强化留守儿童家长的家庭监护责任，加强对家长的培训和教育，提高家长的法律意识和能力，以健康的思想、品行和适当的方法教育儿童，通过各种有效的服务，使儿童之家成为社区广大儿童健康成长的乐园。

第五节　情系老兵，新梅真诚服务退役军人

新梅社区退役军人服务站自成立以来，秉持"情系老兵，真诚服务"宗旨，根据退役军人的实际需求，开设了军旅之家阵地，包括军旅影院、老兵议事区、老兵健身区、老兵阅览室、老兵休息室等多功能活动室，以满足退役军人参与社区事务、休闲娱乐等需求。

为更好地服务退役军人，社区还设有退役军人接待区，有专人负责日常工作，有明确的服务站组织架构、工作制度、工作职责、工作流程图，满足退役军人"一件事"办理事项。服务站定期开展工作会议，开展信息登记，精准管理，完善信息数据库，做好日常接待，认真听取退役军人意见、建议，及时沟通交流，有针对性地开展各项工作。

坚持思想政治引领

以习近平新时代中国特色社会主义思想为指导，自觉在思想上、政治上、行动上同以习近平同志为核心的党中央保持高度一致。

创新载体、搭建平台，组织退役军人持续开展习近平新时代中国特色社会主义思想、党的路线方针政策、党和国家法律法规及退役军人有关政策学习宣传。教育引导广大退役军人牢固树立理想信念，永葆政治本色，建功新时代。

协助当地党委组织部门建立健全退役军人党员教育管理工作机制，做好组织关系转接，将每名退役军人党员及时编入一个党支部。协助基层党组织加强日常教育管理，确保退役军人党员过好党内政治生活。

春节慰问活动

　　组织退役军人通过"志愿服务队""模范示范岗""政治辅导员"等多种方式，在应急救援、社会治理、环境保护、脱贫攻坚、国防教育等方面发挥示范带动作用。

　　配合有关部门挖掘、树立、宣传优秀退役军人典型，开展退役军人评星级活动，创建星级退役军人"光荣墙""荣誉榜"，邀请优秀退役军人参加重要节庆活动。结合"八一""十一"等重要节日，充分利用当地红色教育资源，开展丰富多彩的学习教育活动。

　　注重退役军人服务站场所政治文化环境建设，体现"军"的特色；利用报纸、广播、电视等传统媒体和"三微一端"等新兴媒体，采取登门入户、座谈交流等方式，广泛深入宣传党和政府对退役军人的关心关怀。

扶持就业创业

搭建就业创业平台，掌握退役军人就业需求和就业底数，实行实名动态管理；挖掘就业资源和就业机会、岗位，积极争取和推动落实优惠政策，为退役军人就业创业提供便利条件。

积极组织退役军人参加有关部门举办的全员适应性培训、职业技能培训等培训项目，通过线上线下专场招聘会、推介会等方式，着力推动退役军人就业。

充分发挥退役军人长期接受党和部队教育、组织纪律意识强、综合素质高等优势，激发退役军人自主创业的内在动力，积极协调有关部门开发推介适合退役军人的创业项目，注重培育退役军人致富带头人。

加强就业帮扶，对下岗失业的退役军人特别是零就业家庭，建议并配合当地政府及时纳入再就业重点帮扶范围，实现零就业家庭上岗再就业。

常态化走访慰问

保持常态化沟通联系，多到退役军人家里"走亲戚""拉家常"，面对面交流、手拉手交谈、心贴心服务，拉近与服务对象的情感和心理距离，及时将党和政府的关怀温暖传递给每一名退役军人。

广泛开展慰问活动，"八一"、春节等节日做到普遍走访慰问，其他节日可根据本地实际自行开展走访慰问；在重要节点对重点对象专项慰问，遇有特殊困难的退役军人和重点优抚对象，适时视情建议当地党委和政府主要领导同志进行慰问。

关心关爱军属烈属，主动登门走访、了解困难和需求，提供精细化服务，帮助他们解决实际问题，营造拥军优属的社会氛围。

突出走访重点，做到"六必访"：退役返乡必访，立功受奖必访，英模典型必访，重要节日必访，遇到困难必访，重大变故必访。

精准帮扶解困

帮助符合条件的服务对象按要求申报享受低保、国家供养、专项救助、临时救济等待遇。有关信息及时向辖区服务对象公开，接受社会监督，确保全过程公开透明、公平公正。

针对生活存在特殊困难的退役军人，按照"一人一策"要求制订帮扶计划。协助有关部门动员机关事业单位、企业和社会组织，采取捐款捐物、发放援助金等方式，帮助解决实际困难。

积极筹措社会资金，争取慈善资金，开展好帮扶救助活动，帮助因病、因残、因灾陷入困境的退役军人渡过难关。

有条件的地区可协助党委和政府为辖区生活困难退役军人家庭购买一定数额的城镇失业保险、意外伤害保险等商业保险，提高退役军人抗风险能力。

化解信访问题

依法及时办理服务对象来信、来访、网上和电话信访等事项，推动诉求合理的问题解决到位、诉求无理的思想疏导到位、生活困难的帮扶救助到位，就地化解矛盾问题，做到小事不出村（社区），一般事项不出乡镇（街道），绝大部分问题在县域内得到解决。

创建接访温馨服务窗口，来访接待热情周到，做到"一张笑脸、一声问候、一杯热水、一把椅子、一站服务、一办到底"，主动询问了解，有问题必解答，有诉求必回应。

充分发挥信访工作"晴雨表"作用，实时梳理汇总突出敏感信访问题，加强信访稳定形势分析研判，定期上报有关情况，重大情况随时报告。

经常性开展矛盾纠纷排查化解工作，确保影响稳定的苗头隐患发现在早、化解在小，坚决避免小事拖大、大事拖炸。

协助开展疑难复杂信访事项攻坚化解工作，通过落实首办责任，建立重点问题领导包案、重点对象"一对一"包联、重大事项"一案一专班"制度，推动息诉罢访；高度重视上级交办、督办信访事项，做到办理有着落、结果有反馈，问题不解决不放手。

维护合法权益

加大普法宣传工作力度，引导广大退役军人尊法、学法、守法、用法，依法维护自身合法权益。协助推动精准落实党和国家关于退役军人的相关政策，并根据本地区实际情况，明确优待退役军人的事项和内容，提升退役军人荣誉感。

加强与相关部门沟通协调，拓展服务范围领域，协助构建行政调解、司法调解、人民调解、军地联合调解有效衔接、互为补充的综合调解体系；采取政府购买服务等方式，在退役军人服务中心（站）设立法律援助、心理疏导室，提供经常性法律咨询服务，体现人文关怀。

为军人和退役军人家庭送喜报；为烈属、军属、退役军人家庭发放、悬挂光荣牌，注重仪式感，营造尊崇氛围。

加强自身建设

把政治建设放在首位，全面加强党对退役军人服务站的领导，配齐配强工作力量，强化思想建设、组织建设、作风建设，着力打造忠诚、干净、担当的干部队伍。

提升文明服务意识，按照规范服务的要求，使用文明用语，带着责任、感情和温度提供热情周到细致的服务，充分展示退役军人服务中心（站）工作人员的良好精神风貌。

公开基层退役军人服务站工作人员联系电话，制作便民服务卡，对年龄偏大、行动不便、鳏寡孤独等重点服务对象推行上门服务和全程代办，采取预约办理和"互联网+"服务，提高办事效率。

每半年对工作情况和成效集中开展一次总结评估，逐级上报。

自觉加强党风廉政建设，严格按照中央八项规定及其实施细则开展工作，做到不碰红线、守住底线，打造风清气正、和谐融洽的工作环境。

开展丰富多彩活动

新梅社区退役军人服务站开展了形式多样的活动。如开展了"喜迎八一建军，传承时代精神"小小少年军训体验活动，引导广大青少年践行社会主义核心价值观，传承红色基因，厚植爱国情怀；开展了"退役不褪色 退役不退志"新老军人相聚茶话会活动，给退役军人过集体生日，让退役军人感受到家的温暖；组建了退役军人志愿者队伍，开展了世界环境日、电信防诈骗、全民清洁日、垃圾分类、便民服务等志愿活动；开展就业服务需求调查，动态收集掌握就业信息，组织退役军人参加杭州市就业招聘会；组织退役军人观看"兵心永向党　建功新战场"演出直播，组织收看纪念中国人民志愿军抗美援朝作战70周年大会直播；建立军旅影院，定期邀请退役军人收看军旅电影活动；为困难退役军人开展帮扶救助，每月开展走访慰问；开展"小橙大事协商自治退役军人群策群力"议事活动，发挥退役军人献策建言能力，体现退役军人主人翁精神；等等。

新梅社区退役军人服务站始终坚持以服务保障好退役军人为目标，积极探索社区退役军人服务管理工作，完善硬件设施、健全服务制度、搭建创新载体。让社区退役军人在被服务、被重视中感受到尊重，让退役军人诉求有渠道、活动有场地、解困有平台，逐步形成自我肯定、社会认同、价值实现的拥军优属氛围。

临平区委政法委书记谢渐升考察法治社区

第三章　花团锦簇满园春

　　都说"上面一根针，下面千条线"，社区工作非常繁杂，可以说是"千头万绪"。千头万绪的事，说到底是千家万户的事。如何在千头万绪中理出头绪，把"千条线"凝成"一股绳"？

　　南苑街道新梅社区两委班子齐心协力，用党建"一股绳"拧起服务群众的"千条线""万条线"，全力做好党建引领、社会治理、疫情防控、民生服务等各项工作，不断提升为民办实事、办好事、解难事水平，不断营建花团锦簇的幸福新梅。

第一节 "五色"党建 "新梅"满园

南苑街道新梅社区下辖保亿·风景晨园、怡丰城、艺郡府三小区及绿地魔方综合体，是一个典型的"新杭州人"社区，也是一个"散装"社区，社区基层治理工作日趋复杂。近年来，社区以"五色"党建为引领，创新"小橙大事"民主议事协商体系，精心打造"五美"文化，以"党建+红、橙、金、绿、蓝""一三一"工作法实现党建共商共建、社区共治共享，打造有温度的熟人社区。

"红"帆领航，夯实党建基石

激发共建张力。建立流动党员"联e"站和党支部，实施结对联建、文化创建、活动统建、便民社建、助困帮建，联盟共情、法治共推、资源共融、品质共享、产链共赢的"五建+五共"，收集居民迫切需要解决的出行、教育、健身、便民等服务需求，切实掌握辖区经营户需要解决的客源、货源、环境、卫生、贷款等服务，实现双向共生共赢。

激发党员活力。依托"五色·同心"区域化党建联盟，社区实施共建先锋、共享先锋、共治先锋，法治先行、教育先行、技能先行、健康先行、品鉴先行的资源"三锋+五行"行动，与60余家结对共建单位利用彼此资源优势，实现资源互享、活动联办、平安联动，进一步完善党群共建长效机制，为区域化党建打好坚实基础，满足群众生活需求。

激发组织动力。落实党群服务中心、党建公园、魔方综合体、五色凉亭、物业联盟中心"五地"项目清单。新梅党群服务驿站位于法治公

临平区委政法委书记谢渐升考察法治社区

临平区委政法委书记谢渐升考察法治社区

园，驿站深化社区赋能增效，是一个集法治宣传、党员教育、志愿服务、关爱帮扶、居民议事、文化教育、健身娱乐等功能于一体的便民党群工作新平台。社区依托新梅党群服务驿站，设立党员先锋岗，党员零距离服务群众，全年参与人数达10000余人。

"橙"心服务，实现有序自治

法治建设全覆盖。社区两委班子高度重视民主法治建设在社区基层治理工作中发挥的重要作用，多次召开班子会议，统一思想认识，将民主法治社区创建工作纳入社区重点、核心工作，做到有计划、有部署、有方案。成立法治创建领导小组，由书记任组长，分管人员任副组长，社区两委班子成员任领导小组成员，明确工作职责。建立民主监督平台，健全和完善居务、财务公开和民主评议等为主要内容的民主监督制度，保证社区干部依法行政、依法处理居务。建章立制，从居民公约衍生小区公约、租客公约、商圈公约。小区公约规范居民行为，维护居民权利。租客公约房东是主体，约束房东、善管租客。商圈公约实行诚信经营，保障居民利益。保亿·风景晨园物业费收缴率从92%提升到99%。

社团强化全覆盖。组建525名党员与群众的"五色"志愿者冲锋队，积极参与街道及社区组织的平安巡逻、消防检查等活动。疫情期间，"五色"冲锋队自发组织200名志愿者，实行六队三班倒的防疫模式，连续奋战60余天，发扬不怕苦不怕累的"硬核"精神，服务居家医学观察1026户，观察人员2356人，与社区一起牢牢守住最后一道"家门"。

网格细化全覆盖。党小组进楼道，由党员志愿者任楼道长，探索楼道管理新机制。推行"小橙大事"，形成"核心、协商、自治、监督、绩效"工作闭环。建立"凉亭说事"法治协商点，每周五为居民凉亭说事日。通过"楼道问事"收集信息，借"商圈治事、网格管事、地铁共事"实现自治。2021年，共收集63条居民意见，汇总梳理38条，办结率100%。协商体系源于基层，来自群众实践，激发了居民的参与热情，居民依法办事、自我管理的意识得到了有效增强。居民既是说事者，也是办事的参与者，还是评事的监督者。

"金"徽赋能，营造生态氛围

商圈联盟，和谐共生。开展经营户党员"三亮"行动，形成60余家商圈共同体，构建生态社区商圈。特别是2021年，开展"不忘初心 方得始终"党建公益集市活动，60余家结对共建单位利用彼此资源优势，实现党建平台互惠、工作互助、资源互享、活动联办，进一步完善党群共建长效机制，实现与共建单位双向共生共赢。收集需求清单65件，完成率100%。

红色领航，党建驿站。2021年，保亿·风景晨园成立首届业主委员会，其中，业主委员会主任与副主任都是党员。社区创新党建引领小区业委会工作，成立保亿·风景晨园小区党建驿站，建立"一五五"工作机制，并积极探索业主委员会监督系统。监督系统包括几个方面：事前在业主委员会选举前成立了业监会，由三名党员担任业监会成员，全程监督业主委员会选举的各项工作；事中在《保亿·风景晨园议事规则》中新增业监会议事代表条款，由党员担任议事代表成员；事后业监会议事代表参与业主委员会日常工作例会，全程进行监督，业监会成员有发言权、议事权，打造党建引领小区自治功能。

"绿"力同行，建设宜居新梅

营建宜居环境。打造安全管家，安装智能"三维"网络摄像及"智能天眼"，有序实施"智慧云端精细化治理"。营造"清清管家"，倡导文明和谐的新风尚，评比"最清洁家庭"，构建和谐宜居大环境。塑造"心灵管家"，深耕物业服务品质，借青春声音、不惑知音、夕阳福音之力，将社区打造成心灵的栖息地。

提供温馨服务。新梅社区定期开展按摩、理疗等特色养老活动，每半月开展免费测量血压血糖、健康咨询、理发等服务，每半年组织老年人过集体生日、拍婚纱照等活动，开设"梅花工作坊"项目，提升老年人的幸福感、归属感，2021年，共开展活动80余次，服务居民5000余人。排摸社区困难、残疾、退伍军人等工作，全年慰问60余户家庭，帮扶、救助13户家庭，并做好跟踪服务工作。

推动就业援助。做好城乡医疗参保及失业再就业工作，2021年成功推荐就业30余人。推进退役军人社会化服务工作，成立军旅之家，设立"退役军人活动日"，每月开展不同主题的固定活动，为退役军人提供法律援助、心理疏导、精神抚慰、就业指导、生活帮扶、人文关怀等服务，举办"不忘初心 永葆本色——党心连我心，端午品'粽'情"等活动。

"蓝"色传承，融合天下文化

营造人文氛围。以家风家训促思想融合，制定"好家风三字经"，弘扬好家风，传承好家训。开展"十全十美"先进人物评选，增强党的思想引领力。以互帮互助促情感融合，通过邻里情感维度，营造以邻为善、以邻为伴、以邻为睦、以邻为友、以邻为亲的社区文化氛围。以基层党建促文化融合，以党建为聚心，文化铸魂为导向，创造文化"大社区格局"，提升居民归属感、幸福感。2020年，新梅社区被评定为杭州市五星级文化家园。

增添文化元素。2021年，社区在"五美"文化馆新增临平文化元素，设十大临平特产与临平文化，以"五邻"为维度，促成邻里最后一纳米，全年接待6000余人。邻里星空影院实行预约制，已惠及人员3000余人；新梅文化公园新建法治文化墙及文化广场，吸引更多的居民休闲健身，每天人流量在200人以上，全年共接待60000余人。

第二节　探索"四有四度"的和谐新梅

作为一个建设中的新型社区，新梅社区"人口杂、资源少"，是一个"新生儿"，是一张等待描绘的白纸。如何让一个"新生儿"更好地成长，如何在这张白纸上描绘美好的家园，是新梅社区全体社工一直努力探索的方向。特别是在赴杭州市主城区对口建学的活动中，通过现场参观、座谈交流、小组讨论，"新梅人"总结发现，坚持"四有四度"是建设和谐新梅的制胜法宝。

管理上有抓手，落实"铁打"的制度

社区探索"新杭州人"治理新模式，实地参观先进社区卓有成效的治理经验。善贤社区的善贤人家小区是一个回迁安置房小区，据社区负责人介绍，那里的住户三分之二是租户，但进入小区却看不到一辆乱停的汽车，也没有乱放的垃圾，管理有序，环境优美。原来管理上他们自有一套：硬件上实行智能门禁系统，软件上将意见箱设到居民家门口，只要有一户出现乱搭乱建的现象就立即上门做工作，做到公开、公平、公正。

善贤的经验值得借鉴。新梅社区的居民来自五湖四海，有着不同的风俗习惯，在社区管理上应该以"四张网"为抓手，通过打通四个渠道，落实四项制度。

一是利用互联网打通交流渠道，落实网格处理制度。要求以网格为单位建立微信群，动态采集，准确掌握网格内人、地、物、情、事、组

织等基本信息，及时收集居民的意见、建议，并进行梳理分类，落实网格长牵头协调的三级处理制度。二是利用智能网打通安全渠道，落实实名登记制度。朗斯物业已经实行实名登记一卡通门禁系统，有效防止群租、盗窃等现象。三是利用物业网打通处理渠道，落实管家制度。要求物业将区域合理划分，每两幢楼落实一名管家，责任到人，细化管理。四是利用业主网打通协调渠道，落实志愿服务制度。"小区的事大家议，志愿服务化纠纷。"

一项制度的落实，总有不近人情的地方，总会涉及个别人员的利益，社区招募的"五色"志愿服务队总是能起到很好的中间作用，将一个个心结打开，一个个纠纷化解，因为他们本身就是小区居民，有律师、老干部、老党员……社区制定的五星考评制度也进一步规范了这一组织的运作。

服务上有理念，体现"大家庭"的温度

新梅社区是个大家庭，这里住着来自全国各地的小家庭，只有将他们凝聚在一起，让他们找到归属感，才能更好地推动社区建设。所学习的几个社区都体现了"大家庭"的理念，如善贤社区的六个空间布局，骆家庄社区的文化家园，明桂社区的真心E家服务站，等等。

新梅社区在起步阶段通过三个途径逐步描绘出"大家庭"理念学习的成效。

首先是社工每周学习和分享服务理念。新梅社区的社工都是80后、90后，是一支年轻的团队，在经历和经验上存在这样或那样的不足。因此，社区成立以来制定了"每周分享日"，即每人每周必须分享一次学习理论或服务过程的感悟，包括如何去接纳和平等沟通等，以便于更好

地服务居民。

其次是硬件上逐步完善，为居民创造温馨的环境。小区内新增老年人健身点和青少年游乐园。社区便民服务中心和居家养老服务中心的设计都以温馨、便民为主基调。

再次是活动上注重群众参与和"家"的氛围营造。如举办以爱护公共设施为主题的"扮靓我的家园"活动，就是发动每幢楼的家庭捐出废弃物，如破的塑料脸盆、水桶、拖把等，在专业美术老师的指导下制作成各类温馨提示的主题作品。一个三口之家在完成了宣传保护草坪的"请足下留情"后和自己的作品来了个自拍说："太完美了！我要发到业主群去，让大家共同爱护这里的一草一木。"类似的还有跳蚤市场、邻居节等活动，都极力营造着"大家庭"的欢乐氛围。

项目上要有特色，符合"需求"的角度

走进潮邻益家社会工作发展中心，"新梅人"第一次接触到了"项目社工"这个称呼，通过参观学习和交流，看到很多有特色的项目通过专业的服务提供给不同需求的群体，来减轻政府的压力和满足不同群体的需求。

一个社区找到需求点，也就找到了出发点和落脚点。新梅社区举办暑期假日学校，来参加活动的青少年特别多，这些孩子的家长大部分都在杭州主城区上班，早出晚归，他们希望社区能将学校长期办下去，使这些孩子放学后有去处，能交到朋友、学到知识。

新梅社区就以此为切入点，通过"三步走"，规划了以青少年为主要群体的特色项目。第一步，做好青少年基本信息及需求调查；第二步，提前规划设计活动场所，为青少年活动提供保障；第三步，请专人

负责设计符合本社区需求的青少年特色项目。

载体上要有创新，展示"新颖"的亮度

王马社区支部建在楼道的"楼道经"，善贤社区的"和合微谈"，明桂社区的真心E家服务驿站，一个个富有特色的载体展示着这些社区的亮点。

新梅社区也在不断摸索载体，寻找能够支撑的骨架。"新梅人"的理念是把五湖四海的人凝聚起来，使生人社区尽快发展成为熟人社区，建成一个和谐的大家庭。通过宣传发动，社区成功组建了队伍并开展活动，由525人组成的"五色"志愿者服务队，队员全部由居民组成，下设五支小分队，开启了以幢为单位的责任到人管家模式，举办每月一主题的新梅E家读书角活动。以"志愿服务邻家、小区建设管家、素质提升千家"三个家的载体，"新梅人"走出了带动社区创建的新路子。

社区建设是一项长期的系统工程，对口见学活动给"新梅人"提供了交流互动的机会、思考互学的平台，以"四有四度"为目标的探索为建设和谐新梅开启了一扇窗。

第三节　省级民主法治社区的"新梅经验"

新梅社区以"新杭州人"青年法治建设为创建核心理念，进一步加强社区的基层民主法治建设，深入开展民主法治专题活动，以创新法治

杭州市委政法委书记许明一行调研法治社区建设

思路推进基层党建工作。

近年来，社区先后获得浙江省节水型社区、浙江省综合性运动场所、浙江省防灾减灾标准化社区、杭州市五星级文化家园、杭州市国际化社区、杭州市和谐社区、杭州市健康单位、杭州市青少年俱乐部、杭州市卫生社区、临平区优秀基层党组织、临平区民主法治社区、临平区健康单位、临平区爱国卫生先进单位等40余项荣誉。

健全机制　依法治理

新梅社区以深化社区自治为内核，健全法治机制，探索和建立各方参与、依法治理、自我管理的多元化治理方式，实现"法治、德治、自治"相融互动的治理体制，推动社区治理动态管理、全域覆盖。

除了建立法治机制、法治议事平台，社区还应注重提升社区法治深度。社区以高空抛物为例，实施"智慧云端精细化治理"，整合现有监控资源，安装98组智能"三维"网络

杭州市委政法委书记许明一行调研法治社区建设

摄像机，低维、中维、高维照射，做到小区无盲区、无死角。同时，社区开展形式多样的普法宣传活动，从小培养小朋友的安全意识，一个孩子带动一个家庭，营造小区浓浓的法治氛围，提升居民素质，杜绝高空抛物。

法治文化　润物无声

法治文化源远流长，法治文化建设任重而道远。法治文化是现代民主法治的灵魂，法治文化建设作为"大文化"格局的重要内容，是构建社会主义和谐社会的必然元素。新梅社区有着进行法治文化建设的独特举措。

润物无声，深化法治空间。应运而生的"小新""小梅"法治代言人，衍生抱枕、钥匙扣、冰箱贴等周边，拉近社区与居民间的距离。社区于2020年6月建立浙江省首个法治影院，采用预约制播放形式，打造居民足不出户观赏法治大片的空间。法治影院是广泛宣传市、区、街道相关法治文化宣传片的重要阵地，如青少年普法、文明出行、防诈、高空抛物、平安等，截至目前，共播放100余部大片，惠及人数2000余人。社区建有法治有声体验馆、公众号、微信群等媒介，实现"线上+线下"法治载体的无缝对接，保障居民知行合一的法治空间；建有法治中心室内面积1000平方米，设"一馆三厅十室"，有阅览室、书画室、会议室、电影厅、展示厅、文化馆等活动场所，全年接待居民1万余人；建有2628平方米的法治公园，内设篮球场区、健身区、休闲娱乐区、法治科普区、法治宣传区等，是一个集健康、法治、健身、文化、教育于一体的法治场地。

群策群力，法治社团覆盖。社区建有法治宣讲队、法治评议队、综治调解队、"五色"冲锋队等十大志愿者队伍，积极参与街道及社区组织的平安巡逻、消防检查等活动。疫情期间，"五色"冲锋队自发组织200名志愿者，实行六队三班倒的防疫模式，连续奋战60余天，发扬不怕苦不怕累的"硬核"精神，服务居家医学观察共526户、1596人，与社区一起牢牢守住最后一道"家门"。

多措并举，法治文化营建。社区深入开展法制宣传教育，努力提高社区居民的法律意识和社区工作人员的法治理念，通过开展"普法日"、法治建设宣传月活动，让婚育新风进社区、法律进社区，增强学法、用法的自觉性。2021年是中国共产党建党100周年，社区开展形式多样的民主法治专题活动，有效促进社区各项事业的健康发展。如法治知识竞赛活动受到了党员们的热烈欢迎。

与此同时，社区还与居民携手依法践行，坚决打赢防诈攻坚战，创无诈社区；社区宣讲队以生动的案例向居民普及预防诈骗知识，全力提高居民群众防范电信诈骗的意识。

法治兴则国兴，法治强则国强。法治工作任重而道远，全面依法治国是国家治理的一场深刻革命。新梅通过创建省级民主法治社区，让社区成为居民离不开的家园，建设"坚韧、善美、奋进、和谐"的法治社区。

第四节　新梅铁军，战"疫"显担当

有这样一群人：疫情来势汹汹时，他们却逆行而上，全员放弃休假，24小时值班值守，坚守在岗位上，奔走在小区里、楼道间，开展疫情防控工作，默默地为居民的生命安全构筑起一道钢铁防线。他们平时默默无闻，但在疫情来临的危急时刻，他们发扬铁军精神，勇往直前，冲锋在一线，他们有个共同的名字——新梅铁军。

2021年12月7日，南苑街道洋头坝社区金地艺境西区内发现一例新冠肺炎感染者。距离仅一河之隔的小区发现病例，一场没有硝烟的战役迅速在新梅社区打响。新梅社区党总支迅速部署，立即召开疫情防控紧急会议，充分发挥小区业委会、社区党员志愿者、机关下沉志愿者的联合力量，做好疫情排查、信息登记、防疫检查、隔离管控等一系列防疫措施，筑起防疫安全网，守护居民的健康。

坚守家园的"战士"

作为社区党总支书记、居委会主任，遇事冷静、处事果决的郭小英充分诠释了"领头雁"作用，扛起守护家园的重责。在接到金地小区病例确诊消息前，她已预判疫情形势，将防疫工作提前做上。社区第一时间召开了全体工作人员和辖区物业负责人会议，部署疫情防控工作；会后，立即分小组开展沿街商户上门防疫宣传，明确扫码、测温、戴口罩等防疫重点，组织物业设立小区防疫卡点，守好最后一道"安全门"。查看小区防疫措施、巡查隔离户、清点防疫物资……那段时间，郭小英没有完整休息过一天，小区里、楼道里到处都是她急匆匆的身影，有时甚至是24小时连轴转，可谓是一门心思都扑在防疫第一线。大半个月下来，原本略微丰盈的她都瘦了，她笑着说："有时忙起来顾不上吃饭，权当减肥了。"

"沿街商铺有店员没戴口罩，有店铺未配测温设备……"

"好的，我马上去现场督查核实。"

新梅社区党群服务中心

这是新梅社区党总支副书记、纪检负责人邱小英，她用略显沙哑的嗓音接起电话，只觉得脑袋都在嗡嗡响。疫情发生以来，她每天都马不停蹄地工作，一边接待络绎不绝前来登记的转黄码的居民，一边接电话耐心解答居民的问题，忙到饭也顾不上吃，只能趁间隙啃点饼干、喝口水，继续出发挨家挨户督查店铺防疫情况、巡查隔离户，为隔离户送菜、送快递……有隔离人员不理解防疫政策，不愿居家隔离时，她反复耐心劝导。抗疫期间，因为社区需要，"舍小家，顾大家"的她，连家里俩孩子生病也顾不上。

"我跟医生上门给隔离人员测核酸了，中午不用等我吃饭，今天有70多人。"这是社区党总支委员高芳，她分管卫生工作，又是保亿·风景晨园一网格的网格长，除了要做防疫线上的工作，还要管理网格内的隔离户和转红码、黄码的居民，每天上报隔离人员报表，统计做核酸的隔离人员，带着医生挨家挨户上门测核酸，连防护服也没有……询问她是否感到害怕时，她笑着说："现在想想有点后怕，但当时没想那么多，隔离在家的居民比我们更怕。"

"别着急，先登记一下黄码的信息，然后去做核酸，等你阴性报告出来我们会上报给你转码。"面对来前台询问的言语激动的居民，社区副主任杨丽燕正耐心劝导，还不时地跟隔离户用微信沟通着，这户要去配高血压药，那户要送快递……临近中午，她顾不上吃饭，匆匆忙忙去找医生配药，再给隔离户送上门。她的家离单位很近，家里孩子还很小，但是她这两天忙得都顾不上回家，她说："单位需要我，隔离户也需要我，等忙过疫情，再好好陪孩子。"

逆行的"四大金刚"

2021年12月7日，金地艺境西区实行封闭管理，新梅社区的四位男士——金卫忠、王磊、郑明魏和庞超被抽调去上门通知居民测核酸。第一轮核酸采样是在半夜，寒风刺骨，没有防护服，没有心理防范，顶着生理和心理的巨大压力，他们甚至来不及跟家里人说一声就奔赴了"战场"。

核酸采样完成已经是凌晨三四点了，他们顾不上休息，只能到社区随时待命，等着下一轮采样。每一轮采样完成后其实可以去休息，但是他们想到社区人手少，毅然放弃休息来社区值班值守。

金卫忠是四人里的老大哥，1982年出生的他责任心重。12月19日清晨，刚结束夜班后回到家想睡会儿，金卫忠就接到了保亿·风景晨园小区有居民跳楼的报警电话，他二话不说赶赴现场。他说，作为综治主任，这是他的工作职责。一直处理到中午，他才拖着疲惫的身子回家。

1988年出生的王磊，当他知道要进入确诊病例所在居民楼时，他由衷地感慨："以前看穿防护服的医生和护士去支援疫情前线觉得好光荣，今天我也感到很自豪，我也是一名战士。"

1989年出生的郑明魏是前年新加入的社工，别看他平时有点孩子气，但关键时刻很勇敢，穿上防护服，协助医生近距离采样登记时，他毫不畏惧。95后的庞超则说："我是党员我先上。"家里尚有襁褓中的孩子，但他主动请命上前线，早晨5点起床去协助核酸采样，结束后继续投入到社区24小时值班中……

还有许许多多其他工作人员，他们都24小时待命，忙碌在防疫一线，上门给隔离户贴封条、送物资，穿梭在沿街商铺宣传防疫措施，每天重复做着接线员、信息员、检查员、保障员的工作，身兼数职，从不抱怨。

保亿·风景晨园小区业委会的9名成员，在主任高玲玉的带领下，从疫情发生开始，就自发主动站好小区防疫门卡。

高玲玉说："我们不仅仅是业委会成员，我们当中有好几个人都是党员，还有几个人一直都在做社区志愿者，我们有责任守好自己的家园，哪怕牺牲个人时间。"他们主动轮流值岗，每天下班进小区，家都顾不上回，都在第一时间穿上红马甲站岗。

"你好，请出示一下健康码、行程码。""你的健康码是黄码，请先到社区报备登记。"每天晚上值守到深夜，记不清这样的话要重复多少遍，只知道一晚上下来又冷又累，但他们却觉得很有价值，因为真正能为小区出点力。

万众一心，就没有翻不过的山；心手相牵，就没有跨不过的坎。在这场看不见的战"疫"中，新梅铁军们上下一心、众志成城，共护家园，为打赢疫情防控阻击战贡献着自己的力量。

第五节　"疫路"同行，红色业委会显担当

疫情防控战线在哪里，党组织作用就发挥到哪里。2022年4月28日，自杭州启动48小时常态化核酸检测工作起，新梅社区党总支迅速响应，做好新梅文化公园和三个小区核酸检测采样点部署工作。

新梅社区党总支充分发挥三个小区临时党支部战斗堡垒作用，发布战疫号令，发挥党员的先锋模范作用，以党员带动招募核酸检测工作志愿者，社区、物业、业委会闻令而动，协同作战，为社区疫情防控工作搭建"红色堡垒"，筑牢"红色阵线"，尤其是保亿·风景晨园小区业委会，在实战中彰显了有力的"红色担当"。

主动请缨践使命。"书记，我们保亿·风景晨园小区核酸检测点需要志愿者吗？我们业委会随时听党支部指挥。""是啊，我是党员，我先上，志愿者我们有，小区核酸检测工作我们来承包。"正当社区手忙脚乱时，保亿·风景晨园业委会群里一片主动请缨之声。保亿·风景晨园小区业委会成员多数是党员和志愿者骨干，一名党员就是一面旗帜，得知小区要设置常态化核酸检测点，业委会成员们专门开会研究布置。郦烈铭是负责志愿者招募管理工作的，会后就把检测点志愿者排班表交到了社区。尽管他们都有自己的本职工作，但每当社区需要时，他们总是冲锋在一线，敢于亮相，敢于发声，关键时刻站得出，危急关头豁得出，以实际行动践行着他们守护家园的使命。

慎始如终守初心。刚开展小区核酸检测采样的头几天，还有专业的医生来采样，后面几天只有前来指导的医生，业委会成员们这时又争

先恐后学采样，确保每个人会扫码、有人会采样，这样不管是谁因本职工作有冲突而不在场时，都能保证小区核酸检测工作正常运转。五一假期，排队做核酸的队伍几乎绕了小区一圈，又要维护现场秩序，又要安抚排队居民，业委会成员们放弃了五一休假时间，常常忙到顾不上喝水，喊到嗓子哑，有时还要面对居民的不满情绪。连续在核酸检测点工作多日的主任高玲玉说："居民们选了我们就是对我们的信任，小区是我们共同的家，做好核酸检测，守好家园安全，是我们业委会义不容辞的责任，这点辛苦不算什么。"他们默默奉献，放弃休息，舍弃小家为大家，慎始如终做好常态化核酸检测工作，守护了党员的初心。

暖心服务显真情。"请大家戴好口罩，打开健康码，保持1米以上距离，耐心等待核酸检测。"保亿·风景晨园小区核酸检测现场，身穿红马甲的业委会成员们每天不厌其烦地一遍遍提醒居民。常态化核酸检测工作持续了十多天，他们每天风吹日晒，一站就是3个多小时，但他们依然微笑着服务居民。遇到急匆匆下来排队忘戴口罩的，他们会及时递上口罩；遇到排队等待时间长的老人小孩，他们主动搬来凳子；遇到下雨天没有带伞的居民，他们主动为其遮风挡雨。正是由于他们的暖心服务和真情打动了小区的居民们，居民开始主动间隔距离排队，从焦急抱怨逐渐变得耐心有序。

唯其艰难方显勇毅，唯其笃行方显珍贵。新梅社区这支红色业委会队伍，在社区党组织的号召和带领下，坚定地站在疫情防控第一线、最前沿，当先锋、打头阵、作表率，用实际行动诠释责任和使命，为新梅社区筑牢防疫"红色阵线"贡献了坚实力量。

第六节　隔离不隔爱，给待产孕妇吃颗"定心丸"

2022年1月26日，杭州市通报1名新冠肺炎确诊病例，新梅社区街道防疫指挥部下发数据，社区怡丰城小区有一密接人员，需要转送至集中隔离点。这次情况特殊的是，该密接人员的妻子任某属于次密接，且是一名即将临盆的孕妇。本来一家人高高兴兴做好了迎接新生命到来的准备，却被这突如其来的疫情打破了平静，孕妇的心情焦虑不安。新梅社区迅速行动，统一部署，严把怡丰城小区出入关，第一时间对任某落实居家隔离7天的管控措施，并提供暖心关怀，缓解其待产的焦虑和被隔离的恐慌。

"你好，我是新梅社区工作人员，你属于次密接人员，按照疫情防控政策，需要落实7天居家隔离措施，我们现在要给你家门上贴封条，孕妇要保持平稳情绪，不要紧张，我们会帮你联系医院，采购所需物品送上门，有问题随时与我们微信或电话联系，我们24小时在线……"1月26日，社区工作人员一边隔着房门不断安抚她，一边将专用垃圾袋、测温计等送上门。"怎么会这样，我这预产期马上要到了，待产的东西还没准备全，29日还要做最后一次产检，现在老公不在，我又被隔离，这可怎么办？"了解到任某的情况，社区第一时间将具体情况汇报给南苑街道公共服务办，联系到了临平区妇保院医生做好每日电话随访，详细询问产妇每日身体状况。在沟通中得知，任某打算进行剖宫产，社区反复多次跟街道和妇保院联系并敲定入院待产事宜，并在联系、转运等各个环节安排好接洽的社区工作人员。

为了保障孕妇的身心健康，社区工作人员还分成了生活保障组、心理关怀组、应急后勤组。生活保障组负责采购生鲜食品，每日搭配鱼、肉、蔬菜、鸡蛋、牛奶等送上门，让孕妇吃到新鲜健康的菜品；心理关怀组负责上门定期随访、微信联系，疏导孕妇的紧张情绪，教孕妇如何识别先兆临产等；应急后勤组专门去母婴用品店采购了产褥期护理垫、婴儿衣物、尿不湿等待产大礼包送上门，还去孕妇新装修好的新家搬来婴儿床等宝宝用品，确保待产物品齐全，让她安心待产。新梅社区党总支书记带领网格长等工作人员上门慰问孕妇，特意送上福字、春联，以及新梅定制的台历、挂历，米、油等20件新春大礼包。南苑街道办事处主任林洪疆、党工委委员朱思婧和公共服务办主任沈丹萍也特意上门关心慰问被隔离的孕妇。

得知入院待产事宜准备妥当，任某焦躁不安的心总算安定了下来。隔离不隔爱，给待产孕妇吃颗"定心丸"，新梅社区筑牢"主心骨"，织密"规范网"，当好"服务生"，不仅解决了孕妇生活的后顾之忧，有效化解了她内心的恐慌和待产焦虑，还拉起了一道共同抗击疫情的温暖防线。

南苑街道新梅社区大事记

2017年

1—3月　　新梅社区筹备小组筹备期，在乔莫西路548号临时办公

3月31日　开展美丽余杭清洁南苑行动

4月18日　正式挂牌成立新梅社区，新梅社区党总支书记刘小芬发言，街道相关领导参加社区揭牌仪式

5月　　　制订"两学一做"常态化制度化工作推进方案及学习计划，严格落实"123"基本规范

5月16日　组织党员开展沿街店铺、小区出租户消防及燃气安全检查

6月15日　组织党员观看电影《建党大业》，进行平安巡逻

7月1日　 纪念建党96周年，"佩戴党徽亮身份"党员志愿服务活动

7月2日　 "睦邻友好　美丽新梅"第一届邻居节系列活动

8月31日　"协同共治　营造社区"项目——新梅社区阅读角活动

9月11日　"平安你我他　文化进万家"送戏进社区活动

9月16日　新梅社区保亿·风景晨园小区发现1例登革热病例，随即开展核心区200米半径范围内全面消杀

9月16日—9月30日

　　　　　分7组对保亿·风景晨园小区2020户开展疑似登革热病例入户排查

9月29日　迎中秋晚会暨"喜迎十九大"巾帼宣讲活动

9月30日　登革热防控宣传小区环境卫生整治行动

10月　　保亿·风景晨园首届邻里厨艺大赛

10月18日　观看十九大开幕式

10月25　主题党日学习十九大精神

11月15日　开展民主监督公开日暨主题党日学习活动

12月15日　"不忘初心　牢记使命"党员参观绍兴红色教育基地

2018年

1月—3月　深入学习贯彻党的十九大精神党员春训冬训工作

1月15日　新梅社区"双争双评"暨"弘美"志愿者队伍总结大会

1月31日　新梅社区新老党总支书记交接大会

2月1日　"喜迎新春·清洁家园"城乡环境大行动

3月　　启动两会平安巡逻，启动登革热防控工作，做好定期消杀

3月1日　元宵节猜灯谜及健康义诊活动

3月8日　"展巾帼风采　促新梅和谐"——三八节法律咨询圆桌会

4月　　启动"美丽余杭·全域整治"行动，迎国卫复评卫生清理督查行动

4月8日　社区组织换届"回头看"民主测评和推荐会议

4月25日　启动沿街商铺集中执法

5月4日　垃圾分类，党员先行，打造"党建飘红、生态透绿"美丽新梅活动

5月13日　"传承红色基因　担当时代重任"——新梅社区党员参观红色教育基地

6月2日	全民清洁日行动
6月16日	新梅社区第二届邻居节暨共庆端午佳节活动
7月7日	全民清洁日行动
7月30日	工会夏季慰问送清凉活动
8月3日	全民清洁日行动
9月1日	全民清洁日行动
9月30日	全民"公益日"暨全民清洁日行动
11月3日	全民清洁日行动
12月1日	全民清洁日行动
12月9日	新梅社区防雪抗冻工作

2019年

1月17日	新梅社区办公点搬迁至翁梅街150号新办公楼，开展搬迁开业系列便民活动
2月19日	"传统佳节共相聚　梅花传情话元宵"活动
3月14日	"春光无限芳满庭　新梅献艺栽绿植"活动
4月4日	"垃圾分类齐参与　健康新梅共受益"以及"忆传统文化　送清明圆子"活动
4月9日	评选新梅社区第一届最美商户
4月15日	"党在我心中"手工陶艺主题活动
4月20日	"小手拉大手　垃圾分类齐动手"主题活动
4月23日	"小橙大事"项目推进暨商圈治理动员大会
5月9日	怡丰城小区历史遗留问题多方协调会

5月10日	"五月康乃馨　爱心献母亲"活动
5月20日	"以梅会友　共聚新梅"主题交友活动
6月5日	新梅社区党总支与杭港地铁临平片区党支部共建签约仪式在翁梅地铁站举行
6月6日	端午节大型广场便民服务活动
6月11日	关于"十全十美"评选方案，建文化家园、文化公园和实施"小橙大事"民主协商议事体系，召开居民代表大会，通过决议
7月23日	西湖明珠电视台"小区大事"栏目组进社区现场录制新梅社区建文化公园访谈会
7月28日	文化走亲"绿地艺尚魔方杯"广场舞邀请赛在魔方综合体一楼中庭举行
7月30日	"助推全域美丽建设　绿化科普进家园"系列活动
8月7日	"传承中华文化　规范使用汉字"暨书香会友读书节活动
8月15日	新梅"五色"志愿者服务e站与翁梅地铁站共建开展暑期送凉茶活动
8月30日	新梅社区第一届"入学礼"暨文化家园读书节活动
9月—12月	启动"不忘初心　牢记使命"主题教育系列活动
9月	启动"最清洁家庭"表彰，入户挂牌
9月9日	庆祝中华人民共和国成立70周年戏曲专场活动
9月10日	新梅社区梅花传情系列之欢度中秋活动
9月25日	"传承好家风　弘扬好家训"系列故事分享会
9月27日	新梅社区"家乡的味道"厨艺比赛
10月7日	重阳节敬老百家宴活动

10月31日　南苑街道党工委书记应世明一行到新梅社区参观文化家园和文化公园

11月　　　国家级慢病示范区验收，国家卫健委相关领导参观新梅健康公园

11月15日　余杭区科协相关领导参观新梅科普公园

11月16日　余杭区纪委相关领导到新梅社区检查清廉社区建设

12月　　　杭州市和谐社区建设工作领导小组到新梅社区参观开会，楼正权书记参加发言，区文明办、区司法局等相关领导陪同

12月9日　新梅社区双争双评大会

12月27日　新梅社区综合考评和社工年终测评大会

2020年

1月1日　　新梅社区健康文化公园启动仪式暨新年音乐会

1月2日　　新梅社区腊八节免费送腊八粥活动

1月6日　　南苑街道办事处主任张静到新梅社区指导工作

1月10日　新梅社区迎新年冬季趣味运动会

1月13日　新梅社区"家有一老　如有一宝"老年协会集体生日会

1月23日—3月30日

　　　　　全力以赴抗击新冠肺炎疫情行动

3月14日　瓶窑镇组织社区党委书记到新梅社区参观

3月24日　余杭区委组织部部长朱红丹在南苑街道党工委书记应世明、党工委委员邱永年陪同下，到新梅社区参观指导

4月9日　　良渚街道组织下属社区书记到新梅社区参观

5月28日	萧山区委宣传部相关领导在余杭区委宣传部领导陪同下参观新梅文化家园
6月5日	新梅公园篮球场举行"地球只有一个　我们一起守护"6.5世界环境日活动
6月11日	新梅党群服务驿站举行便民服务活动
6月24日	"粽享国际　共情端午"国际友人齐聚新梅端午节包粽子活动
7月13日	垃圾分类市级创建前期整改会议
7月18日	新梅社区反诈骗宣传活动
8月5日	南苑街道居民议事代表参观新梅社区
8月24日	"书香新梅颂经典　中外文化对对碰"活动
9月7日	余杭电视台共同关注栏目到新梅社区采访青春社区工作
9月15日	组织党员到保亿·风景晨园小区参观小区高空抛物和电动车治理成效
9月16日	万警联社区活动
10月20日	公布新一届南苑街道新梅社区党总支部班子成员名额、任职条件、推荐范围
11月15日	新梅社区党总支部换届选举大会
11月24日	健康单位验收
12月	选举产生新梅社区新一届妇联、共青团、老年协会组织
12月5日	新一届居民大会预选产生居民委员会正式候选人
12月12日	新梅社区居民委员会选举日，选举产生新一届居民委员会班子成员
12月15日	组团领导干部给党员上党课，学习党的十九届五中全会精神

12月29日　新梅社区联合工会换届第二届代表大会第一次会议（直选大会），
　　　　　选举产生新一届工会主席、委员，经审委委员和女职工委员

2021年

1月　　　开展留浙过年疫情防控宣传，号召居民留在杭州，减少流
　　　　动，组织楼道长为保亿·风景晨园、怡丰城小区居民挨家挨户
　　　　发口罩

2月　　　开展喜迎建党百年之"不忘初心　筑梦前行"闹元宵猜灯谜
　　　　活动

3月　　　开展喜迎建党百年之"不忘初心　不负韶华"学雷锋志愿服
　　　　务活动

3月　　　开展喜迎建党百年之"不忘初心　鉴往知来"党史知识竞赛

3月　　　南苑街道党工委书记应世明陪同区委常委领导到新梅社区
　　　　参观

4月　　　五常街道领导带队19个社区宣传员参观新梅社区文化家园

4月　　　开展喜迎建党百年之"不忘初心　牢记使命"党员参观嘉兴
　　　　南湖党的诞生地活动

4月　　　召开保亿·风景晨园小区党员、楼道长、居民代表大会决议
　　　　小区公约和启动业委会事宜

4月　　　开展喜迎建党百年之"不忘初心　砥砺奋进"暨2020年度
　　　　十全十美人物表彰活动

4月　　　余杭区仓前街道党工委委员、人武部长陈煜和党工委委员姚
　　　　芳燕带领仓前街道下属7个社区两委班子成员共计60余人到

新梅社区参观

5月	临平区第一届人大选举工作
5月	杭州市委组织部、西湖风景名胜区在管委会组织部潘徐平陪同下开展基层党建"双二十条"互访互学
6月	开展喜迎建党百年之"不忘初心　锲而不舍"防诈攻坚行动启动仪式
6月	开展喜迎建党百年之"不忘初心　方得始终"党建公益集市活动
6月21日—7月5日	开展护航建党百年维稳行动
7月	组织开展为期两月的暑期假日学校活动
8月	新梅社区建成百姓健身房
8月1日	保亿·风景晨园小区业委会筹备组开展会议，投票通过两个规约
8—10月	开展保亿·风景晨园小区业委会投票选举工作，11月正式成立保亿·风景晨园小区首届业委会
8月30日	临平区委政法委书记谢渐升考察新梅社区法治社区建设工作
9月30日	杭州市委政法委书记许明一行调研新梅社区法治建设工作
10月26日	省司法厅人民参与和促进法治处副处长冯桢一行在临平区司法局党委副书记、副局长贾国平以及南苑司法所领导陪同下，到新梅社区参观指导省级法治社区建设
11月	建成新梅社区青年工作室
11月	开展"红心向党迎亚运　团结向阳展风采"科普趣味运动会
12月	疫情防控工作

后　记

　　近年来，社区文化家园在浙江大地上蓬勃生长。杭州市临平区南苑街道新梅社区，因95%以上的居民来自五湖四海，成为一个典型的"新杭州人"社区。面对如此"新"趋势，新梅社区在"融"字上做文章，以创建特色、精品文化社区为目标，营建"融美、和美、智美、韵美、劲美"的"五美文化"，在2020年度杭州市五星级社区文化家园中榜上有名。作为"杭州社区文化家园建设丛书"之一的《融合·新梅》在这样的背景下诞生了。

　　经过新梅社区与丛书编撰委员会的多方商讨，本书以"融合"为关键词，分"一树新梅南苑开""枝繁叶茂暗香来""花团锦簇满园春"三大章节，将发生在新梅这片土地上的故事娓娓道来。

　　编撰工作得到了新梅社区的大力支持，新梅青年工作室、新梅篮球队、新梅旗袍队、新梅广场舞队等组织和机构，为编撰工作提供了翔实的基础资料，在此衷心向为本书编撰作出积极贡献的每一位同志表示感谢。

社区是社区文化的生存地、生产地和传播地。社区文化是区域内一定条件下社区成员共同创造的精神财富及其物质形态。在本书编撰的过程中，我们深切感受到了近年来杭州社区文化建设取得的新成绩，观察到了不断涌现的新亮点，体会到了居民群众对美好生活的新期待。未来，相信在新理念、新机制的引领下，在新基建和新技术的加持下，社区一定会成为更具法治化、科学化、精细化的幸福家园。

本书编撰时间仓促，如有不足之处，敬请读者批评指正。

编者

2022年4月